W0074614

Lessings Kiste

Manfred Kappeler

Lessings Kiste

Nicolais Plan und das
Grimm'sche Wörterbuch

nicolai

Unser Newsletter und unsere Facebook-Seite informieren Sie über aktuelle Bücher und alle anderen Neuigkeiten unseres Verlags.

www.nicolai-verlag.de

nicolai *Der Hauptstadtverlag*

© 2015 Nicolaische Verlagsbuchhandlung GmbH, Berlin
Herstellung: Melanie Walter
Lektorat: Dorothea Wunderling

Printed in the EU

ISBN: 978-3-89479-853-6

In memoriam Hellmut Lessing

Inhalt

Vorbemerkung

Friedrich Nicolai schrieb »d. 5. Jun. 1769« an seinen »sehr werthen Freund« Gotthold Ephraim Lessing: »Wie ist es mit Ihrer Reise, und mit den Werken, die Sie noch ferner machen wollen? [...] Noch eins! Da Sie nun doch allem deutschen Schreiben entsagen wollen, so sollten Sie mir wohl Ihre Collectaneen zu einem deutschen Wörterbuche hier lassen. [...] Ich könnte doch vielleicht einmal etwas davon nützen, und Ihnen möchten sie auf der Reise verloren gehen. Leben Sie wohl, liebster Freund, und lieben Sie mich. Ich bin Ihr ergebenster Nicolai.«[1]

Gotthold Ephraim Lessing, Moses Mendelssohn und Friedrich Nicolai verband eine tiefe und literarisch produktive Freundschaft. Diese Freundschaft entwickelte sich in Berlin, der Residenzstadt des preußischen Königs Friedrich II., dem schon seine Zeitgenossen den ehrenden Beinamen »der Große« gaben und der sich selbst als »Philosoph auf dem Königsthron« verstand. Als die drei jungen Männer sich 1755 in Berlin trafen, war Friedrich II. schon fünfzehn Jahre an der Macht und er war noch immer König in Preußen, als Lessing und Mendelssohn schon gestorben waren. Einzig Nicolai überlebte ihn. Die Politik, das Regierungshandeln, besonders aber die Haltung des Königs zur deutschen Sprache und Literatur bildeten einen bedeutenden Kontext für das Denken und Schreiben der drei Freunde. Dazu gehörte auch der Plan, ein »Allgemeines Deutsches Wörterbuch« zu schaffen, dessen Vorarbeiten Lessing als »Collectaneen« nebst anderen unvollendeten Manuskripten in einer Kiste verwahrte, die tatsächlich einige Jahre später, 1775, verloren ging, wie Nicolai es in seinem Brief vom 5. Juni 1769 befürchtet hatte. Ein schmerzlicher Verlust, benötigte Nicolai doch für seine Absicht, den Plan zu verwirklichen, eben diese Kollektaneen.

9

Die Geschichte, wie Nicolai, trotz dieses Verlustes, später doch noch einen Plan zu einem deutschen Wörterbuch ausarbeitete und was dieser mit dem fast 100 Jahre später erschienenen Grimm'schen Wörterbuch zu tun hatte, wird in diesem Buch erzählt.

Drei Freunde bilden eine »literarisch-kritische Bundesgenossenschaft«

»Da Sie nun doch allem deutschen Schreiben entsagen wollen ...«: In dieser Formulierung verbirgt sich ein Vorwurf gegen Lessing, der sich, nach eigenem Bekunden, für immer von Deutschland und damit von der langen literarischen Zusammenarbeit mit Moses Mendelssohn und Friedrich Nicolai verabschieden wollte.

Durch die im Lauf der Jahre mal mehr, mal weniger intensive Arbeitsgemeinschaft dieser drei zieht sich wie ein roter Faden das gemeinsame Bestreben, über die »Hebung«, der deutschen Sprache einen wesentlichen Beitrag zur »Bildung des guten Geschmacks« zu leisten. Darunter verstanden sie und viele ihrer Zeitgenossen in der Epoche der Aufklärung die ästhetische Erziehung des aufstrebenden Bürgertums. Für Friedrich Nicolai und seine Freunde, mit deren Journalen die Literaturkritik in Deutschland begründet wurde, war das Lesepublikum der Adressat der Geschmacksbildung: »Die Kritik ist es ganz allein, die unseren Geschmack läutern und ihm die Freiheit und Sicherheit geben kann, durch die er sogleich die Schönheiten und Fehler eines Werkes einsieht, und ein feiner Geschmack ist nichts anderes als eine Fertigkeit, die Kritik jederzeit auf die beste Art anzuwenden.«[2]

Eine wesentliche Bedingung für die »Bildung des Geschmacks« war, nach den Zeiten der »Verwilderung« der Sprache während des Dreißigjährigen Krieges und in den Jahrzehnten danach, die Förderung und Verbreitung einer »Allgemeinen deutschen Hochsprache«. Damit arbeiteten Lessing und seine engeren Freunde an einem nationalpolitischen Projekt, das weit über die Hebung der bürgerlichen Kultur ihrer Zeit hinausging, obwohl sie, nach ihrem

Verständnis von Politik, ihr Denken und Handeln nicht als politisch begriffen. Ausgehend von ihrem Befund, dass die Sprache das einzige Gemeinsame der in vielen Kleinstaaten zersplittert lebenden Deutschen sei, sahen sie in der Schaffung einer verbindlichen hochdeutschen Nationalsprache *den* Weg zur politischen Emanzipation des Bürgertums, mit dem vagen Ziel eines »Einigen Deutschlands« oder »Vaterlands«. Ein Meilenstein auf diesem Weg sollte ein »Allgemeines Deutsches Wörterbuch« sein. An diesem Vorhaben arbeiteten Lessing, Nicolai und Mendelssohn seit dem Beginn ihrer Freundschaft.

Im Frühjahr 1755 lernten sich die drei kennen. Sie wohnten nahe beieinander im Berliner Nikolaiviertel und sahen sich fast täglich. Das gemeinsame Interesse für die deutschsprachige Literatur bildete den Ausgangspunkt für die Freundschaft der drei jungen Männer. Zu den Anfängen schreibt Nicolai: »Wir waren damals alle drei in der Blüte unserer Jahre, alle drei voll Wahrheitsliebe und Eifer, alle drei von unbefangenem Geiste und hatten keine andere Absicht, als wissenschaftliche Ideen aller Art in uns zu entwickeln. Keiner hatte gegen den anderen Mißtrauen oder die geringste Zurückhaltung, vielmehr beseelte uns alle das uneingeschränkteste Vertrauen.«[3]

Im Unterschied zu der verbreiteten Auffassung, wonach Mendelssohn und Nicolai eher unbedeutende Epigonen Lessings gewesen seien, diesen in seiner Entwicklung sogar behindert hätten (so z. B. Franz Mehring in seiner »Lessing-Legende« noch 1893), schrieb der »Sekretair des Vereins für die Geschichte Berlins«, Ferdinand Meyer, 1876 voller Begeisterung über diese Freundschaft: »[Es] bildete sich dann jene wunderbare Gegenseitigkeit der Geister, die in der innigsten Freundschaft des Herzens, in dem gemeinschaftlichen Ringen nach Wahrheit und freimüthiger Denkungsart die zündenden Funken in das aufstrebende Kulturleben warf. Da war es, wo sich in Berlin, als dem Tummelplatz der Freigeister, ein Kreis von Männern zusammenfand, wie er zum andern Male schwerlich wieder in der Hauptstadt zusammentreten wird.«[4]

Die »Briefe, die Neueste Litteratur betreffend«, die von 1759 bis 1765 in Nicolais Verlag erschienen, waren das wichtigste Ergebnis dieser Zusammenarbeit. Nicolai schrieb in der Erinnerung daran: »Da wir fast täglich beisammen waren, so kamen wir

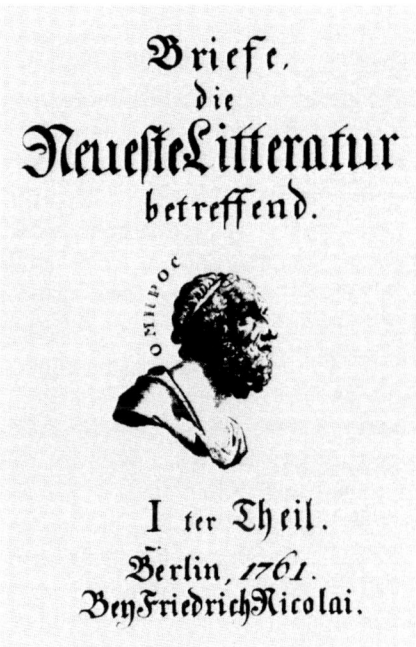

Titelblatt der »Briefe, die Neueste Litteratur
betreffend«, 1761

immer wieder auf eben die Gedanken zurück, welche sich durch beständige Erörterung immer mehr entwickelten, besonders durch unseren lieben Moses, der bei uns war wie bei den alten Schauspielen der Chor. Er war gewöhnlich unserer lebhaften

Dispute [zwischen Lessing und Nicolai, M. K.] kaltblütiger Zuhörer und zog unvermutet und wenn wir noch weit vom Ziele zu sein glaubten, in wenigen Worten ein treffendes Resultat, das uns alle befriedigte.«[5] Die aktuelle Forschung zur »Berliner Aufklärung«, besonders zur Bedeutung Nicolais, hat den produktiven Charakter dieser Freundschaft bestätigt.[6] Mendelssohn und Nicolai waren keine tumben Apologeten Lessings, was viele Literaturhistoriker bis weit in das 20. Jahrhundert behaupteten. So schrieb der Lessing-Herausgeber Karl Goedeke: »Lessing war beiden in allen Stücken, auch in persönlicher Liebenswürdigkeit, weit überlegen, und bei ihren Disputationen der Geist, der die beiden andern in Scherz und Ernst zum Schweigen brachte. Moses verdankte ihm seine Bildung und sprach das auch wiederholt aus; Nicolai stellte sich, wenigstens nach Lessings Tode, gern so dar, als ob er auf Lessing nicht ohne Einfluß geblieben sei. Nicht einmal in buchhändlerischen Dingen nahm dieser Belehrungen von Nicolai an! Dennoch hat Lessing mit beiden treu bis ans Ende ausgehalten.«[7] Karl Lessing berichtet in der Lebensbeschreibung des Bruders: »Ganz verschieden an Erziehung und anfänglicher Denkungsart und doch so ganz einig an Eifer für ihre geistige Selbstvervollkommnung und Beförderung der Wissenschaften, teilten sie einander ihre fruchtbarsten Ideen mit. Da jeder die des anderen zu berichtigen und zu verbessern aufgefordert wurde, und keiner doch für seine eigenen eine so unbezwingliche Vorliebe hatte, daß das Gegenteil davon auf ihn keinen Eindruck machen konnte, so mußten ihre Äußerungen, wenn sie sie zu Papier brachten, immer viel Richtigkeit und Neuheit haben. Nicht Gleichheit ihrer Denkart, die sehr verschieden war, sondern ihr scharfer und richtiger Blick, den jeder von der Sache fast anders nahm, war der Grund ihres vertrauten Umgangs.«[8]

Zum näheren Bekanntenkreis der drei gehörte der Dichter Karl Wilhelm Ramler. Mit ihm gab Lessing 1759 die »Sinngedichte«

des schlesischen Barocklyrikers Friedrich von Logau heraus. In der Vorrede zu diesem Buch schreibt Lessing: »Wie groß unsere Hochachtung für diese seine alte Sprache ist, wird man aus unsern Anmerkungen darüber, die wir in Gestalt eines Wörterbuchs dem Werk beygefügt haben, deutlich erkennen. *Aehnliche Wörterbücher über alle unsere guten Schriftsteller, würden, ohne Zweifel, der erste nähere Schritt zu einem allgemeinen Wörterbuche unsrer Sprache seyn.* [Hervorhebung M. K.] Wir haben die Bahn hierinn, wo nicht brechen, doch wenigstens zeigen wollen.«[9]

Als die drei sich 1755 in Berlin kennenlernten, war die preußische Hauptstadt schon seit fünfzehn Jahren die Residenz Friedrichs II. von Preußen. Des Königs Ausstrahlung, das kulturelle Leben an seinen Höfen, zunächst in Charlottenburg und dann in Potsdam, die von ihm geführten sogenannten Schlesischen Kriege und seine Wirtschafts-, Sozial- und Bildungspolitik beeinflussten den gesellschaftlichen Kontext, in dem sie aufwuchsen bzw. in den sie hineinwuchsen. Nicolai war in Berlin geboren und hatte dort seine ganze Kindheit und Jahre seiner Jugend gelebt. Mendelssohn war als Vierzehnjähriger kurz nach Friedrichs II. Regierungsantritt nach Berlin gekommen. Lessing traf dort als Siebzehnjähriger ein. Die Aura des jungen Königs war in dieser Stadt, dem geografischen und politischen Zentrum seiner Macht, besonders zu spüren. Von der Kulturpolitik des Königs waren sie gemeinsam und allgemein, aber auch jeweils individuell in besonderer Weise betroffen. Moses Mendelssohn hatte darüber hinaus mit Friedrichs II. harter Politik gegen die Juden zu kämpfen, die unmittelbare Auswirkungen auf sein Leben hatte. Dieser spezifische Zusammenhang von Biografie und Zeitgeschichte muss mit bedacht werden, wenn man die Freundschaft der drei und ihr gemeinsames Wirken verstehen will, das die Nachwelt mit dem Ehrentitel »Dreigestirn der Berliner Aufklärung« ausgezeichnet hat.

Im Hintergrund:
Friedrich II. von Preußen – groß
in seinen Widersprüchen

Der Historiker Theodor Schieder gab seiner Friedrich-Biografie den Untertitel »Ein Königtum der Widersprüche«. Er beschließt seine Studie mit dem Resümee, »dass die eigentümliche Größe Friedrichs in der ständig gegenwärtigen Spannung zwischen Macht und Geist zu finden ist, einer Spannung, die der König seinem Staat Preußen als Mitgift hinterlassen hat«.[10]

Als Friedrich II. die Nachfolge seines Vaters antrat, bestieg er nicht den Thron, wie es unter den gekrönten Häuptern seiner Zeit üblich war. Er verweigerte den symbolischen Akt einer pomphaften Krönungszeremonie. Das bedeutete aber nicht den Verzicht auf Herrschaftsansprüche. Im Gegenteil: Auf einer Reise durch Preußen ließ er sich in den verschiedenen Machtzentren des jungen Staates von den Vertretern der Stände Gehorsam und Treue schwören. Dass er die Repräsentanten der »Stände« nicht in seine Berliner Residenz bestellte und sich nicht im Krönungsornat huldigen ließ, sondern ohne großen Hofstaat zu ihnen reiste, zeigt, wie klug er sich als Herrscher zu inszenieren wusste.

Selten wird ein junger Regent mit so großen Hoffnungen auf weitreichende Veränderungen erwartet worden sein. Die ihm besonders vom aufstrebenden Bürgertum und den Juden in Preußen bei seinem Regierungsantritt 1740 entgegengebrachten Erwartungen hatte er als Kronprinz während seiner Rheinsberger Jahre (1736–1740) durch seine Lebensweise und seine Schriften selbst geweckt.

Die sich zur Aufklärung rechnenden Gelehrten und Schriftsteller hofften auf eine Abkehr Friedrichs von der kultur- und wissenschaftsfeindlichen, auf die Stärkung der militärischen und wirtschaftlichen Macht Preußens fixierten Politik seines konservativen, protestantisch-fundamentalistischen Vaters. Sie rechneten mit der Abschaffung der Zensur, mit Glaubensfreiheit, mit der Förderung der Wissenschaften, der »schönen Künste« und der »Weltweisheit« (Philosophie) durch den König und einen für die deutsche Sprache, die Literatur und das Theater offenen Hof. Sie erwarteten einen König, der, wie sie selbst, die Aufklärung in Berlin, in Preußen, in Deutschland voranbringen und sich an dem Jahrhundertwerk der »Hebung« der deutschen Sprache beteiligen würde. Sie erwarteten, dass er nach französischem Vorbild eine Deutsche Akademie der Wissenschaften und der Künste errichten würde, in der sie eine privilegierte Stätte des gemeinsamen Wirkens sahen, begleitet von der Aufmerksamkeit und Anerkennung des »Philosophen auf dem Königsthron«.

Einige Entscheidungen in den ersten Monaten seiner Regierung erweckten den Eindruck, als würde der junge König die hochgespannten Erwartungen zügig erfüllen. Er bat den von seinem Vater 1723 unter Androhung der Todesstrafe von der Universität Halle und aus Preußen vertriebenen Philosophen Christian Wolff, die Leitung der von ihm in Berlin geplanten Akademie der Wissenschaften zu übernehmen. Die pietistischen Theologen der Universität, unter Führung August Herrmann Franckes, hatten Wolff 1723 des »Determinismus« und der Religionsfeindlichkeit bezichtigt und seine Bücher öffentlich verbrannt. Friedrich hatte sich schon in Rheinsberg eine französische Übersetzung des in Deutsch geschriebenen Hauptwerkes Wolffs anfertigen lassen, die er brauchte, weil er nicht hinreichend Deutsch sprechen, schreiben und lesen konnte. Mit Voltaire, dem er ein Exemplar schickte, korrespondierte er über die Philosophie Wolffs. In diesen Briefen äußerte er seinen Abscheu gegen die bornierte Intoleranz der pietistischen Meinungsführer in Preußen, die auf seinen Vater, der mit Francke befreundet war, großen Einfluss hatten. In der extrem strengen, bigotten und traumatisierenden Erziehung

Friedrichs und seiner geliebten älteren Schwester Wilhelmine machte sich dieser Einfluss geltend, mit schlimmen Folgen für das ganze Leben dieser Königskinder.[11] Wolff lehnte Friedrichs Angebot zu dessen Bedauern aber ab und erbat sich die Stelle des Rektors der Universität Halle, die ihm auch zugesprochen wurde. In einem international Aufsehen erregenden Festakt zog Wolff in die Universität ein, von der er 1723 verjagt worden war und machte sie in der Folge zu einem Zentrum der Aufklärungsphilosophie in Deutschland. Mit dieser Entscheidung hatte Friedrich nicht nur Wolff rehabilitiert, sondern die pietistischen Theologen, die bis dahin in Halle das Sagen hatten, tief gedemütigt. Dass er mit diesem Akt, wenige Wochen nach dem Tod des Vaters, posthum auch öffentlich ein vernichtendes Urteil über die in pietistischem Geist ihm angetane Erziehung fällen wollte, darf vermutet werden. Jedenfalls wirkte die demonstrative Rückholung Wolffs aus dem Exil wie ein Fanal für den Anbruch einer neuen Zeit. Die Einsetzung Wolffs als Rektor der Universität Halle war auch eine Provokation mit lang anhaltender Wirkung für die im Geiste Franckes erziehenden pädagogischen Einrichtungen der Franckeschen Stiftung in Halle.

Friedrich Nicolai, der 1745 Internatsschüler an der Lateinschule dieser Stiftung war, während sein älterer Bruder Samuel nebenan bei Christian Wolff studierte, wird von diesen Ereignissen und ihrer Bedeutung gehört haben. Für ihn, für Mendelssohn und Lessing waren die Wolff'schen Schriften von großer Bedeutung für die eigene philosophische Bildung und ihr Verfasser ein leuchtendes Vorbild. Wolff hatte neben Thomasius als einer der ersten Professoren in Deutschland seine Vorlesungen in deutscher Sprache gehalten und, trotz harter Verfolgung durch die Gegner der Aufklärung, seine Auffassungen weiter mutig vertreten. Wolffs Rehabilitierung durch Friedrich II. wird auch bei den drei für das Zeitgeschehen hellwachen Jugendlichen Zeichen der Hoffnung für ihre eigene Zukunft gesetzt haben. Von

Nicolai ist bekannt, dass er »seinem König« noch im hohen Alter dafür dankbar war. In der Vorrede zu seiner Anekdotensammlung über Friedrich II. schreibt er: »In Friedrich des Großen Regierung fielen die glücklichsten Jahre meiner Jugend und die Blüte meines männlichen Alters. Was ich an Bildung des Geistes und an Welterkenntnis besitzen mag, erhielt ich in dieser Zeit durch den Einfluß der freimütigen, unbefangenen Denkungsart, die dieser große König begünstigte [...].«[12] Für Friedrich war die Wolff-Begeisterung, im Unterschied zu Nicolai und seinen Freunden, freilich nur ein Strohfeuer. Unter dem Einfluss von Voltaire, der Wolff eher für einen biederen deutschen Gelehrten mit eingeschränktem Horizont hielt, hat er sich schon bald abschätzig über diesen geäußert. Man geht wohl nicht fehl in der Annahme, dass die spektakulär inszenierte Einsetzung Wolffs in Halle vor allem ein symbolischer Akt war, mit dem er sich selbst ins »Licht der Aufklärung« setzen wollte.

Friedrich II. las in seinen raren Mußestunden nicht die Texte zeitgenössischer deutscher Schriftsteller und Philosophen, sondern die französischer Autoren, vor allem die seines Freundes Voltaire und die Schriften D'Alemberts, des Herausgebers der »Enzyklopädie«. Deutsch als Bildungssprache hatte Friedrich in seiner Kindheit und Jugend nicht gelernt. Er sprach, wie er selbstironisch bekannte, »wie ein Kutscher«. Die Herausgeber einer Sammlung der »Randbemerkungen Friedrichs des Großen« schreiben: »Seine deutsche Muttersprache hat er wohl mehr oder weniger nur von den Bedienten angenommen. [...] Von deutscher Rechtschreibung hatte er vollends keine Ahnung. Aber die Dienstsprache in Preußen war nun einmal Deutsch. Darum erfolgten seine Entscheidungen auf den deutsch geschriebenen Eingaben auch in deutscher Sprache oder – besser gesagt – in dem, was er dafür hielt. Dieses Deutsch war nämlich ein gräßliches Gemengsel von z. T. äußerst gewöhnlichen deutschen Ausdrücken, untermischt mit überdies auch noch verunstalteten

19

lateinischen oder französischen Brocken. [...] Die Lesbarkeit der Original-Randbemerkungen leidet nun sehr unter der besonderen Schreibweise des Königs, die sich unter völliger Mißachtung von Rechtschreibung und Satzzeichen nur nach dem reinen Klangbild richtete.«[13] Dass der Zeit seines Lebens leidenschaftliche Leser und Bücherliebhaber Friedrich, als er mit achtundzwanzig Jahren König wurde, die deutsche Literaturgeschichte nicht kannte, und über den »Aufbruch« der deutschen Literatur um die Mitte des 18. Jahrhunderts nichts wusste, ist angesichts seiner die deutsche Kultur betreffenden Bildungsdefizite nicht verwunderlich.

Es war aber gerade dieser Aufbruch, in den Nicolai, Mendelssohn und Lessing hineinwuchsen und der sie brennend interessierte. Schon bald sollten sie diese Literaturbewegung maßgeblich mitgestalten und vorantreiben. Das geschah in derselben Stadt, in der Friedrich seinen Regierungssitz hatte, und nur wenige Kilometer entfernt von Potsdam, wo er sich mit Sanssouci seinen privaten Musenhof errichtete, sein eigenes kulturelles Zentrum, zu dem die Berliner Aufklärer keinen Zugang hatten.

1740 traf der junge König neben der spektakulären Rückholung Wolffs noch andere wichtige Entscheidungen. Er verbot, bis auf wenige Ausnahmen, die Folter als Mittel der Erzwingung von »Geständnissen« in Strafverfahren. Er schränkte die Verhängung der Todesstrafe erheblich ein. Er gewährte den in Preußen lebenden Untertanen Glaubensfreiheit und versprach allen Religionsgemeinschaften – nicht nur den christlichen – sich nicht in ihre Lehre und ihren Kultus einzumischen. Er schaffte die kostspielige und ihm peinliche Riesengarde seines Vaters umgehend ab. Er verbot das Prügeln der »gemeinen« Soldaten durch ihre Offiziere und das berüchtigte Spießrutenlaufen. Das waren wichtige humanitäre Fortschritte, die aber schon im ersten Jahr seiner Regierung durch andere folgenreiche Entscheidungen verdunkelt wurden.

In nur wenigen Monaten vergrößerte Friedrich II. das Heer beträchtlich und kurbelte sofort die Rüstung an. Dass er mit Plänen zu einem Eroberungskrieg die Nachfolge seines Vaters, des Soldatenkönigs, angetreten hatte, zeigt ein Brief an das »Department der Auswärtigen Affairen« vom 17. Juni 1740: »Sprechen die Minister von Politik, sind sie geschickte Leute, doch reden sie vom Kriege, so ist es, als wenn ein Irokese von der Astronomie spricht.« Seine Minister hatten ihm geraten, über historisch angeblich berechtigte Gebietsansprüche im Westen und im Osten Preußens diplomatisch zu verhandeln. Er wolle es »noch einmal im Guten versuchen«, antwortet er, droht aber im selben Atemzug mit militärischer Gewalt: »Finde ich Widerstand, so werde ich mir mein Recht zu schaffen wissen.« In den nächsten Zeilen verspottet er den Deutschen Kaiser, der gleichzeitig der Monarch Österreichs ist, mit dem Friedrichs II. Vater zur Sicherung des Friedens in Europa Verträge geschlossen hatte: »Der Kaiser ist das alte Spuk- und Götzenbild! Einst stellte er eine Macht dar, heute ist er nichts mehr.«[14] An Voltaire schreibt er am 27. Juni 1740: »Seit dem Tod meines Vaters bin ich der Ansicht, daß ich vollständig meinem Vaterland gehöre. In diesem Geiste habe ich soviel als möglich gearbeitet, um rascheste Maßnahmen für das öffentliche Wohl einzuleiten. Ich habe zunächst damit begonnen, die Streitkräfte des Staates um sechzehn Bataillone, fünf Escadrons Husaren und ein Escadron Gardes du Corps zu verstärken.«[15]

Mit seinen vom Vater geerbten, gut ausgebildeten, disziplinierten, mit Waffen und allem erforderlichen Kriegszeug reichlich ausgestatteten Truppen überfiel Friedrich II. am 16. Dezember 1740 das österreichische Schlesien. Am 11. Juni 1742 musste das besiegte Österreich im Frieden von Breslau Schlesien an Preußen abtreten. Der bei seinem Regierungsantritt als Friedensfürst begrüßte Friedrich annektierte Schlesien und gab es nie wieder heraus. Damit legte er den Keim zu weiteren Kriegen. Im

Frühsommer 1744 kam es zum zweiten Schlesischen Krieg, in dem Friedrich seinen Landraub unter großen Anstrengungen verteidigen musste. Dieser Krieg wurde mit dem Frieden von Dresden im Dezember 1745 beendet. Die Annexion Schlesiens, mit der Friedrich die von seinem Vater geschlossenen Verträge gebrochen hatte, widersprach auch damals schon dem Völkerrecht. Auch der Siebenjährige Krieg (1756–1763) war eine direkte Folge dieser, auf eine Großmachtstellung Preußens in Europa abzielenden, aggressiven Politik. Der lange Krieg verursachte unsägliches Leid und Verwüstung und hätte beinahe zur Vernichtung Preußens geführt. Nur haarscharf kam Friedrich selbst mit dem Leben davon und nur durch das Ausscheiden Russlands aus der Anti-Friedrich-Koalition durch den plötzlichen Tod der Zarin Elisabeth wurde die Auslöschung Preußens von der europäischen Staatenkarte verhindert.

Dieser kriegerische Auftakt nahm in den ersten Jahren der Regierung Friedrichs II. seine ganze Kraft und Kreativität in Anspruch und band alle Ressourcen, die für die anstehenden und erhofften innenpolitischen Reformen Preußens benötigt worden wären. So wurde die dringende Reform der Justiz und der Zivilverwaltung erst mal aufgeschoben. Eine Reform des Bildungswesens, die von den »Aufklärern« und den sich an ihnen orientierenden liberalen Bürgern so sehr gewünscht wurde, hatte Friedrich gar nicht auf seiner politischen Agenda.

Die von Friedrich II. bei seinem Regierungsantritt verkündete Reorganisation der Akademie der Wissenschaften wurde durch die Schlesischen Kriege stark verzögert. Erst 1744 wurde sie unter dem französischen Titel »Académie Royale des Sciences et Belles Lettres« neu gegründet. Die Hoffnung deutscher Schriftsteller und Philosophen, mit ihr einen Hort der aufklärerischen Bildungsbestrebungen zu bekommen, ging aber nicht in Erfüllung. Statt nach der Absage Wolffs die Leitung einem anderen Deutschen zu übertragen, blieb sie so lange vakant, bis es

Friedrich 1746 nach langen Bemühungen gelungen war, den französischen Philosophen und Naturforscher Pierre Louis Moreau de Maupertius zu gewinnen, der die Akademie nach dem Vorbild der Akademie Ludwigs des XIV. (Paris) organisierte. Die französische Sprache wurde für alle Mitglieder verbindlich. Als Maupertius 1759 starb, berief Friedrich keinen Nachfolger, sondern übernahm selbst die Leitung. Er hinterließ die Akademie personell und inhaltlich in einem desolaten Zustand, den Alexander von Humboldt mit einem Krankenhaus verglich, in dem es den Kranken besser gehe als den Gesunden.[16] Ihre große, bis heute ausstrahlende Bedeutung hat die Akademie erst nach der Reorganisation von 1812 und in Verbindung mit der 1810 gegründeten Berliner Universität erreichen können. In Friedrichs Akademie hatten Deutsche nur eine Chance, wenn sie, wie der berühmte Mathematiker Leonhard Euler, Naturwissenschaftler waren. Die mit ihren Veröffentlichungen an der Aufklärung arbeitenden Berliner Schriftsteller, zu deren bedeutenden Vertretern ab Mitte der 50er-Jahre Mendelssohn und Nicolai gehörten, hatten zu Lebzeiten Friedrichs keine Chance, in diesen königlichen Tempel der Wissenschaften zu gelangen, den sie in einer Viertelstunde zu Fuß hätten erreichen können. Lessing erhielt im Oktober 1760 als »Ausländer« (Sachse) einen nicht dotierten Sitz als »auswärtiges Ehrenmitglied«. Der König war über Lessings Wahl verärgert, annullierte sie aber nicht. Lessing, zu diesem Zeitpunkt in Breslau, erfuhr von seiner Berufung und ihren Umständen durch einen Brief Mendelssohns. Der hatte in Berliner Zeitungen gelesen, Lessing habe selbst bei Akademiemitgliedern um seine Aufnahme nachgesucht. Dadurch wurde der Eindruck erweckt, dass es sich um eine Art Gnadenakt gehandelt habe und nicht um eine Würdigung seiner Verdienste um die deutsche Literatur und Sprache. Gekränkt schrieb er an Mendelssohn: »Was Sie mir aus den Berliner Zeitungen berichten, ist eine wahre Neuigkeit für mich. Ihnen brauche ich es nicht lange zu versichern, daß mir diese Ehre [...] sehr gleichgültig ist.«[17] Er hat auf diesem »Sitz« nie gesessen und vermutlich nie wieder darüber gesprochen. Mendelssohn wurde im Februar 1771 von der Akademie zum ordentlichen Mitglied der philosophischen Klasse, mit der Aussicht auf eine Dotierung, gewählt. Ein Jude in der Königlichen Akademie der Wissenschaften zu Berlin – das war ein Ereignis, das sofort öffentlich bekannt wurde. Bis dato gab es nur an der British Royal Academy ein jüdisches Mitglied, den sephardischen Gelehrten Emanuel Mendez da Costa. Mendelssohn, der schon ein europaweit anerkannter Philosoph war, erhielt Glückwünsche zu dieser Wahl, die ihn von seiner »Brotarbeit« erlöst und es ihm ermöglicht hätte, sich ganz seinen philosophischen, literarischen und bildungspolitischen Vorhaben zu widmen. Aber der König verweigerte dem Juden ohne Angabe von Gründen die Berufung. Als die Akademie daraufhin, eine der wenigen Widerstandshandlungen der Akademiker, Mendelssohns Wahl wiederholte, blieb Friedrich bei seinem Schweigen. Diese Ignoranz kränkte Mendelssohn mehr als es eine offene, wie auch immer begründete Ablehnung vermocht hätte. Der Mendelssohn-Biograf Shmuel Feiner schreibt: »Die Enttäuschung über das Scheitern seiner Mitgliedschaft in der Akademie verstärkte in Mendelssohn die Erfahrung gesellschaftlicher Diskriminierung. Doch er versuchte sich und seine Freunde damit zu trösten, dass ihm die positive Entscheidung der Akademiemitglieder mehr bedeute als die Ablehnung durch den König.«[18]

Friedrich II. übergab nicht nur die Leitung der Akademie einem Franzosen. Auch die Leitung der von ihm beträchtlich aufgestockten Königlichen Bibliothek in Berlin, zu der das Münz- und Altertumskabinett gehörte, wurde einem französischen Gelehrten übertragen: Gauthier de la Crozes. Als durch dessen Tod im Februar 1765 die Stelle vakant wurde, bewarb Lessing sich mit der Unterstützung des Oberstleutnants Theophilus Guichard um die Leitung der Bibliothek. Guichard war einer der wenigen aus dem engeren Freundeskreis des Königs, die Beziehungen zu den Berlinern Aufklärern hatten. Friedrich II. lehnte ab, war jedoch bereit, einen Deutschen, den Kunsthistoriker Johann Joachim Winckelmann, zu berufen. Aufgrund seiner Nationalität sollte dieser aber nur die Hälfte des Gehalts seines französischen Vorgängers erhalten. Winckelmann blieb angesichts dieser Zurücksetzung lieber in päpstlichen Diensten in Rom. Guichard schlug erneut Lessing vor, aber der König blieb bei seinem »Nein« und gab die Stelle einem unbedeutenden Franzosen, den selbst an seiner Tafelrunde niemand kannte. Angeblich soll diese, sogar des Königs Freunde befremdende Entscheidung durch eine Namensverwechselung zustande gekommen sein.

Lessing, der sich von der Bibliothekarsstelle ein gesichertes Einkommen, eine Verbindung der »Brotarbeit« mit seinen literarischen und kunsthistorischen Interessen versprochen und sich auf die Wiederaufnahme der Zusammenarbeit und des freundschaftlichen Verkehrs mit Mendelssohn, Nicolai und anderen Berlinern gefreut hatte, war tief enttäuscht und persönlich gekränkt. Als ihm 1766 von der Hamburger Theatervereinigung die Stelle eines Dramaturgen an dem neu gegründeten »Deutschen Nationaltheater« angeboten wurde, entschloss er sich, Berlin, in dem er für sich keine Zukunft mehr sah, zu verlassen. An den Vater schrieb er aus Hamburg: »Ich bin von Berlin weggegangen, nachdem mir das einzige, worauf ich so lange gehofft, und worauf man mich so oft vertröstet, fehlgeschlagen.«[19] Sogar Lessings Dichterfreund Johann Wilhelm Ludwig Gleim, der im Siebenjährigen Krieg begeisterte Gedichte auf den Heldenkönig gemacht hatte (»Preußische Kriegslieder von einem Grenadier«, 1757) war über die Ablehnung Lessings bestürzt und verbittert. Er schrieb an Lessing: »Traurig, sehr traurig ist es für mich bester Freund, daß ich Ihnen eine gute Reise nach Hamburg wünschen muß! Herr Nicolai sagt mir soeben, daß Sie in einigen Tagen abreisen werden. Himmel und Hölle hätt' ich bewegt, Sie bei uns zu behalten, wär ich wie Mancher, wie zum Beispiel Sulzer in Berlin gewesen. Denn nicht dem, der wegen seiner französischen Erziehung gleichgültig gegen alles, was deutsch ist, geworden, sondern denen, die sich für deutsche Patrioten ausgeben, und nicht alle Mühe aufgewendet haben, einen Lessing im Lande zu behalten: diesen nur leg ich es zur Last, daß wir ihn verlieren.«[20] Auch Gleims Fürsprache hätte nichts geändert, denn der von ihm besungene König hat wahrscheinlich nie eines dieser Loblieder gelesen, obwohl sie die verbreitetsten und populärsten Gedichte waren, die je auf ihn gemacht wurden. Dass Gleim den »französisch erzogenen« König für unfähig hält, die Bedeutung Lessings für die deutsche Literatur im Allgemeinen und für das Berliner literarische Leben im Besonderen zu würdigen, klingt in dem Brief wie eine Entschuldigung, ist in Wirklichkeit aber eine starke Kritik, in der die Enttäuschung über Friedrich nicht zu überhören ist.

Lessings Biografen vermuten, dass die ablehnende Haltung Friedrichs II. gegenüber Lessing, neben seiner negativen Grundeinstellung zur deutschen Literatur, noch einen besonderen, nur Lessing betreffenden Grund hatte. Im Dezember 1751 hatte Lessing sich von dem mit ihm halbwegs befreundeten Sekretär Voltaires, Richier, die »Aushängebögen«[21] von Voltaires mit Spannung erwartetem Buch »Le siècle de Louis XIV.« ausgeliehen. Lessing soll das Manuskript angeberisch in seinem Freundeskreis herumgezeigt haben und es dann versehentlich mit nach Wittenberg genommen haben, wo er auf Drängen seines Vaters sein Studium abschließen wollte. Voltaires Biograf Jean Orieux schreibt zu dieser Affäre: »Als Voltaire erfuhr, dass sein Manuskript auf fremden Straßen rollte, schlug er großen Lärm. Er zweifelte keinen Augenblick daran, dass es sich in den Händen eines Diebes befinde. […] Sobald Lessing von dem Skandal hörte, schickte er das Manuskript zurück. Er wollte es nur zu Ende lesen, er dachte nicht daran, es zu stehlen. Aber das Gerücht hatte sich verbreitet. Voltaire vergaß Lessing, aber Lessing vergaß nie den beleidigenden Brief, den Voltaire ihm geschrieben hatte, um das ›gestohlene Manuskript‹ zurückzufordern, er vergaß nie, daß man den König davon unterrichtete und Voltaire schuld war, daß man ihn in ganz Deutschland für einen Dieb gehalten hatte.«[22] Es ist gut möglich, dass Friedrich Lessing die fünfzehn Jahre zurückliegende Unkorrektheit verübelte. Wahrscheinlicher aber ist, dass er den inzwischen als kritischen Feuerkopf bekannt gewordenen Schriftsteller, über dessen Aufnahme in die Akademie er sich schon 1760 geärgert hatte, nicht in einer herausgehobenen Hofbeamtenstelle haben wollte.

Um das Verhältnis Lessing/Friedrich II. verstehen zu können, muss auch Lessings anfangs begeisterte, dann ambivalente und schließlich deutlich ablehnende Haltung gegenüber dem König bedacht werden. 1753, also nach der Manuskript-Affäre, nannte Lessing in einer Ode den König noch »Vater« und »menschlicher Held« und es sei eine Lust, »Dir Friedrich zuzusehen«. Zu des Königs Geburtstag dichtete er: »Heil Dir! Festlicher Tag, der unsern Freund geboren.« Das Jahr 1754 begrüßte er mit einer Eloge an Friedrich: »Er ist der Fürsten Fürst, er ist der Held der Helden; er füllt die Welt und meine Brust. […] Volk, dem er Heil, wie Flocken, gibt! Ihm dank es, wenn ein Jahr in süßer Ruh verschwindet; Ihm dank es, daß dich *Friedrich* liebt.« Lessing, der schon als Jugendlicher hautnah die Schrecken des zweiten Schlesischen Kriegs erlebt hatte und seinem Vater erschüttert darüber berichtete, lobte sogar in einem Hymnus mit dem Titel »Der Eintritt des Jahres 1755 in Berlin«, dem Jahr, in dem seine Freundschaft mit Mendelssohn und Nicolai beginnt, die Annexion Schlesiens: »Noch lange wird dies Land, mit den erfochten Staaten – Im Schoß des Friedens ruhn; – Denn sein Beschützer trägt die Lorbeern großer Taten, – Um größere zu tun. – Er braucht den Sieg als Sieg, macht Kunst und Handel rege – Und zeichnet jedes Lauf.« Aber dann, noch im selben Jahr kommt der Bruch.

In direktem Widerspruch zu seinem Neujahrs-Gedicht, beklagt er jetzt, dass es in Preußen keinen »Mäzen« gebe. Friedrich wirft er vor, dass er sich den großen römischen Förderer des Horaz (Gaius Maecenas 70–8 vor Chr.) nicht zum Vorbild genommen habe:

»Wer ist's in unsern Tagen, hier in einem Lande, dessen Einwohner von innen noch immer die alten Barbaren sind, wer ist es, der einen Funken von deiner Menschenliebe, von deinem tugendhaften Ehrgeize, die Lieblinge der Musen zu schützen, in sich hege?

Wie habe ich mich nicht nach einem nur schwachen Abdrucke von dir umgesehen? Mit den Augen eines Bedürftigen umgesehen! Was für scharfsichtige Augen!

Endlich bin ich des Suchens müde geworden, und will über deine Afterkopien ein bitteres Lachen ausschütten.

Dort, der Regent, ernährt eine Menge schöner Geister, und braucht sie des Abends, wenn er sich von den Sorgen des Staats durch Schwänke erholen will, zu seinen lustigen Räten. Wieviel fehlt ihm, ein Mäzen zu sein!

Nimmermehr werde ich mich fähig fühlen, eine so niedrige Rolle zu spielen, und wenn auch Ordensbänder zu gewinnen stünden. Ein König mag immerhin über mich herrschen; er sei mächtiger, aber besser dünke er sich nicht. Er kann mir keine so starken Gnadengelder geben, daß ich sie für wert halten sollte, Niederträchtigkeiten darum zu begehen.«[23]

Lessing veröffentlichte dieses 1755 entstandene Gedicht nicht zu seinen Lebzeiten. Es wurde in seinem Nachlass gefunden. Eine an den Rand geschriebene Verszeile, die er nicht in das Gedicht aufgenommen hat, gibt einen Hinweis, wie tief er von Friedrich enttäuscht war: »O du, durch den Horaz, seit er bescheiden strebte, von dir geliebt zu seyn, ein wahres Leben lebte«.[24] Das hier von Lessing gemalte Bild der Förderung des Horaz durch Maecenas lässt sich spiegelbildlich verkehrt auf Lessing und Friedrich II.

anwenden. Wie gerne hätte der junge Lessing, von Friedrich anerkannt und gefördert, in Berlin das von ihm ersehnte »wahre Leben« eines Mannes der Literatur geführt. Einige Jahre später lehnte Lessing eine ihm angebotene Professur für »Beredsamkeit« an der Königsberger Universität ab, weil diese mit der Verpflichtung verbunden war, auf den preußischen König alljährlich einen Panegyrikus zu halten.[25] Seine ursprüngliche Bewunderung des Königs war in harsche Abkehr und Angst vor Abhängigkeit und Zwang zum Opportunismus im Fürstendienst umgeschlagen.

Nach dem gescheiterten Versuch, mit der Bewerbung um die Bibliothekarsstelle in Berlin dieses Blatt noch einmal zu wenden, verfestigte sich Lessings Ablehnung gegen den König. Ein Briefwechsel zwischen Nicolai und Lessing im August 1769 zeigt, dass es bezogen auf Friedrich II. zu einer tiefen Meinungsverschiedenheit zwischen den Freunden gekommen war. Zu diesem Zeitpunkt hoffte Lessing, zusammen mit Klopstock und anderen deutschen Schriftstellern, dass der junge, der Aufklärung anhängende österreichische Regent Kaiser Joseph II., als Widerpart zur Berliner Akademie seines Kollegen Friedrich II., eine »Deutsche Akademie der Wissenschaften und schönen Künste« in Wien errichten würde. Für deren Aufbau war Lessing von einflussreichen Männern am Wiener Hof eine bedeutende Mitwirkung in Aussicht gestellt worden. Nicolai hielt das Vertrauen seines Freundes in den aus seiner Sicht katholisch-jesuitischen Klüngel in Wien für blauäugig und sollte damit zuletzt, zumindest was die Pläne für eine Akademie anbelangt, recht behalten. Umgekehrt hielt Lessing das Vertrauen Nicolais in den Preußischen König und seine Regierung für blauäugig und hatte damit, was Friedrichs II. Haltung zur deutschen Literatur und seine Akademie betrifft, auch recht. 19. August 1769 – Nicolai an Lessing: »Zu der Freyheit zu denken, gehört doch wirklich die Freyheit zu schreiben, und in Wien, wo man fast alle englische und zum Theil französische Schriften nicht lesen darf, wo man noch ganz kürzlich den *Phädon*[26] confiscirt hat, muß ein denkender Kopf doch etwas eng athmen. Dazu kommt, daß Gleim im Ernst versichert, die ganze Sache sey ein Finanzprojekt, weil man glaubte, wenn die berühmtesten Gelehrten ihre Werke in Oestreich drucken ließen, durch den Buchhandel unglaubliche Summen ins Land kommen würden. In diesem Falle bedaure ich die armen Hühner, die man der Eyer wegen hält die sie legen sollen; denn wenn sie nicht recht fleißig legen, so wird man sie abschlachten, und aus ihrem Fleisch die Brühe auskochen. […] Ich umarme Sie und bin stets Ihr Nicolai.«[27] Lessing als ausgequetschte Legehenne im österreichischen Hühnerstall – das konnte Gotthold Ephraim nicht akzeptieren. Am 25. August 1769 schrieb er an Nicolai: »Was Ihnen Gleim von Wien gesagt hat, ist ganz ohne Grund; aber Gleim hat von dem Projecte in Wien ohne Zweifel so reden wollen, wie man es allenfalls in Berlin noch einzig und allein goutiren könnte. Wien mag sein wie es will, der deutschen Literatur verspreche ich dort immer noch mehr Glück, als in eurem französischen Berlin. Wenn der Phädon in Wien confiscirt ist; so muß es bloß geschehen sein, weil er in *Berlin* gedruckt worden, und man sich nicht einbilden können, daß in Berlin für die Unsterblichkeit der Seele schreibe. Sonst sagen Sie mir von Ihrer Berlinischen Freiheit zu denken und zu schreiben ja nichts. Sie reducirt sich einzig und allein auf die Freiheit, gegen die Religion so viel Sottisen zu Markte zu bringen, als man will. Und dieser Freiheit muß sich der rechtliche Mann nun bald zu bedienen schämen. Lassen Sie es aber doch einmal einen Mann in Berlin versuchen, über andere Dinge so frei zu schreiben, als Sonnenfels in Wien geschrieben hat; lassen Sie es ihn versuchen, dem vornehmen Hofpöbel so die Wahrheit zu sagen, als dieser sie ihm gesagt hat; lassen Sie einen in Berlin auftreten, der für die Rechte der Unterthanen, der gegen Aussaugung und Despotismus seine Stimme erheben wollte, wie es jetzt sogar in Frankreich und Dänemark geschieht: und Sie werden bald die Erfahrung haben, welches Land bis auf den heutigen

Tag das sclavischste Land von Europa ist. Ein jeder thut gut, den Ort, in welchem er sein muß, sich als den besten einzubilden; und der hingegen thut nicht gut, der ihm diese Einbildung benehmen

Friedrich II.: Karikatur von Chodowiecki

will. Ich hätte mir also wohl diese letzte Seite ersparen können. Leben Sie wohl liebster Freund!«[28] Gleim und Nicolai als Opportunisten gegenüber Friedrich II. zu bezeichnen, das war eine harte Retourkutsche. Diesen Brief schrieb Lessing nach seinem

»Scheitern« in Hamburg, als er den Entschluss gefasst hatte, Deutschland über Wien in Richtung Italien und Griechenland zu verlassen, nur wenige Wochen, nachdem Nicolai ihn deswegen in dem eingangs zitierten Brief kritisiert und um die Zurücklassung seiner »Kiste« gebeten hatte.

Friedrich II. und die Zensur

Im Mittelpunkt der Kontroverse von Nicolai und Lessing steht die Freiheit des Schriftstellers, schreiben zu können, was er denkt. Für beide ist die bloße Gedankenfreiheit eine Chimäre, wenn es keine Pressefreiheit gibt, die den Schriftstellern und Journalisten garantiert, dass sie ohne Furcht vor Strafe und Verfolgung, ohne Zensur schreiben dürfen, was sie denken.

Zum Zeitpunkt ihres Briefwechsels war die bei Friedrichs Regierungsantritt erhoffte und von ihm zunächst auch versprochene Aufhebung der Zensur nach wie vor in weiter Ferne. 1740 gab es in Berlin nur die »Berliner Privilegierte Zeitung«, aus der später die »Vossische« wurde. Sie brachte drei Ausgaben in der Woche, die in allen Rubriken der Zensur unterlagen. Am 5. Juni 1740 machte Friedrich in guter Laune beim Mittagessen gegenüber seinem Minister von Podewils die Äußerung: »Daß Gazetten wenn sie interessant seyn solten nicht geniret werden müsten.«[29] Er meinte damit aber lediglich den Lokalteil der Zeitung, »in dem articul von Berlin, von demjenigen was anizo hie selbst vorgehet« in »unumbschränkter Freyheit« gedruckt werden dürften. Die Berichterstattung über Internationales und die gesamte Politik des Königs musste weiterhin durch den Zensor genehmigt werden. Aber auch diese kleine Lockerung wurde schon bald wieder zurückgenommen. Bezeichnend ist die Geschichte der auf Friedrichs Wunsch hin schon in der ersten Woche seiner

Regierung von dem Potsdamer Buchhändler Haude gegründeten Zeitung »Berlinische Nachrichten von Staats- und gelehrten Sachen«, der späteren »Spenerschen Zeitung«. Friedrich war Haude verpflichtet, weil dieser seine vor dem Vater, Friedrich Wilhelm I., versteckte französische Bibliothek, die nach seiner Flucht und Verhaftung entdeckt und beschlagnahmt wurde, dem Vater abkaufte und für ihn aufbewahrt hatte. Aus diesem Grunde war Haude sich seiner Sache sicher und glaubte, dass nun das Zeitalter der Pressefreiheit in Preußen begonnen habe. Haude hatte seiner Zeitung ein programmatisches Emblem gegeben: Als Kreis angeordnet prangte über der Kopfzeile der ersten Seite in Großbuchstaben die Losung: WAHRHEIT UND FREYHEIT. Darunter ließ ein gekrönter preußischer Adler aus seinen Fängen Bücher auf Europa fallen. Mit einem Brief vom 31. Dezember 1740 wurde Haude aber darüber belehrt, dass er sich mit der Annahme, der König habe ihm mit dem Auftrag zu seinem Blatt das »Privilegium völliger Zensurfreiheit« erteilt, im Irrtum befände. Es wurde ihm verboten »von Seiner Majestät höchsten affairen und Angelegenheiten, von nun an, weiter nicht das geringste, es habe Namen wie es immer wolle« ohne Genehmigung des Zensors drucken zu lassen.[30]

Friedrich II. hatte im Dezember 1740 den ersten Schlesischen Krieg begonnen, über den die Zeitungen in Preußen nur in vom Ministerium in Auftrag gegebenen Artikeln berichten durften. In den Berliner Zeitungen erschienen »Berichte eines Offiziers«, die Friedrich II. entweder selbst geschrieben oder »korrigiert« hatte. 1743 befahl er, die von ihm in der Hochstimmung seiner ersten Regierungstage genehmigten kleinen Freiheiten wieder ganz zu streichen. Gedruckt werden durfte nur noch, was »vorher durch einen vernünftigen Mann censiret und approbiret worden seynd«.[31] Dieser Mann war ein Kriegsrat, der sich nicht »genirte«, die von Haude neu eingeführte Rubrik »Von gelehrten Sachen«, einer Vorläuferin des heutigen Feuilletons, zu zensieren.

Ebenso erging es dem zeitgleich mit den »Berlinischen Nachrichten« auf Anregung Friedrichs gegründeten französischsprachigen »Journal de Berlin« mit dem Untertitel »Nouvelles politiques et littéraires«. Das Blatt trug dasselbe Emblem wie die Zeitung Haudes. Mangels Nachfrage musste es schon nach einem Jahr eingestellt werden.

Der Geschichtsschreiber der »Zeitungsstadt Berlin«, Peter de Mendelssohn irrt wenn er schreibt, dass Friedrich erst im Jahre 1749, in Zeiten des Krieges, die Zensur wieder eingeführt habe: »Friedrichs Berliner Pressepolitik war seiner Zeit voraus. ›Wahrheit und Freiheit‹ waren noch allzu ungewohnt. Außerdem war Krieg. Immerhin wartete Friedrich, bis er den Berliner Zeitungen wieder ein gewisses Maß an Zensur auferlegte.«[32] Das im Mai 1749 verordnete »Edict, wegen der wieder hergestellten Censur, derer in Königlichen Landen heraus kommenden Bücher und Schriften, wie auch wegen des Debits ärgerlicher Bücher, so ausserhalb Landes verleget werden«, wurde vom König mitten in der ersten langen Friedensperiode seiner Regierungszeit erlassen, vier Jahre nach der Beendigung des zweiten Schlesischen Krieges. Es bündelte die bis dahin in verschiedenen Verordnungen befohlenen Einzelbestimmungen der Zensur, mit dem Ziel, eine einheitliche Zensurpraxis zu schaffen. Dieses Edikt, so der Zensurforscher Houben, habe bereits alle wesentlichen Bestimmungen enthalten, »die in der Folgezeit der Meinungsfreiheit in Deutschland Fesseln anlegen sollten«.[33] In dem Edikt heißt es: »Wir Friedrich, von Gottes Gnaden, König in Preussen, Markgraf zu Brandenburg, des Heil. Römischen Reiches Ertzkämmerer und Churfürst etc etc. Thun kund und fügen hiemit zu wissen: Nachdem Wir höchst mißfällig wahrgenommen, daß verschiedene scandaleuse theils wider die Religion, theils wider die Sitten anlauffende Bücher und Schriften in Unsern Landen verfertiget, verleget und debitiret werden, daß Wir um diesem Unwesen, und denen dahero entstehenden üblen Folgen abzuhelffen, gnädigst gut gefunden, die ehemalige seit einiger Zeit in Abgang gekommene Bücher-Censur wieder herzustellen, und zu dem Ende eine Commißion, in Unserer hiesigen Residentz zu etabliren, an welche alle Bücher und Schriften, die in Unsern sämmtlichen Landen verfertiget, und gedruckt werden, oder die Unsere Unterthanen ausserhalb Landes drucken lassen wollen, zuförderst zur Censur und Approbation franco eingesandt, und ohne deren Genehmhaltung nichts gedruckt und verleget werden soll.«[34] In der vorangegangenen Zensurpraxis wurden die Druckwerke oft erst nach Herstellung einer ganzen Auflage dem Zensor vorgelegt. Falls dieser einzelne Passagen zensierte, mussten sie aufwendig verändert oder gar vernichtet werden, wenn sie als Ganzes verboten wurden. Die entscheidende Veränderung bestand demgegenüber im präventiven Charakter dieses Edikts. Nicht die fertigen Bücher, sondern schon die Manuskripte mussten jetzt der Zensurkommission vorgelegt werden.

Für die Verleger und Buchhändler wurde damit eine gewisse Rechtssicherheit hergestellt, die sie vor empfindlichen finanziellen Verlusten bewahrte. Mit der Formulierung »seit einiger Zeit in Abgang gekommene Bücherzensur« sind die vielen Schlupflöcher gemeint, die durch die unterschiedlichen Bestimmungen und die uneinheitliche Zensurpraxis entstanden waren und kreativ genutzt wurden. Das neue Edikt ermöglichte es den Verlegern auch, mit den Zensoren über deren Beanstandungen zu verhandeln und sie eventuell umzustimmen. Die Chancen für solche Interventionen waren natürlich besonders gut, wenn es in der Zensurbehörde liberale Männer gab, mit denen ein kluger Verleger gute Beziehungen herzustellen wusste. Friedrich Nicolai, der in einer Person Verleger, Buchhändler, Herausgeber von Zeitschriften und Schriftsteller war, brauchte und hatte solche Beziehungen, die sich im Konfliktfall auch bewährten. Einer der Berliner Zensoren war der Rektor des königlichen Joachimsthalschen Gymnasiums Dr. Heinius, der zum weiteren Bekanntenkreis Nicolais gehörte und sich die Zensur der von Lessing, Nicolai und Mendelssohn herausgegeben Zeitschrift »Briefe, die Neueste Literatur betreffend« gesichert hatte. Seit Jahren legte Nicolai Heinius die Druckbögen der nächsten Ausgabe der »Literaturbriefe« vor, der ihnen, ungelesen, seinen Imprimaturstempel aufdrückte. Im März 1762 aber bekam Nicolai vom »Generalfiskal«, dem obersten Zensor Friedrichs, die Mitteilung »Se. Königl. Majestät habe ihm unterm 13. dieses allergnädigst befohlen, den ferneren Druck und Debit der sogenannten neuesten Literaturbriefe bei Vermeidung von 100 Tlr. fiskalischer Strafe zu inhibieren«.[35] Es handelte sich nicht nur um das Verbot einer wegen Verstoßes »gegen die Religion und den Staat« beanstandeten Ausgabe, sondern um ein Totalverbot der ganzen Zeitschrift. Nicolai beschwerte sich sofort bei dem Oberzensor und legte ihm die von »seinem« Zensor genehmigten Manuskripte vor. Der war zwar verunsichert, blieb aber bei seiner Anordnung und teilte Nicolai mit, dass gegen ihn bereits ein »fiskalischer Prozess« eingeleitet worden sei. In den nächsten Tagen stellte sich heraus, dass der Staatsrat das Verbot aufgrund einer Denunziation erlassen hatte. Der Vorwurf lautete, dass der »Jude Mendelssohn« in den »Literaturbriefen« gegen die christliche Religion und einen Hofprediger geschrieben habe und durch »ein freches Urteil« über des Königs Gedichtsammlung, die »Poesie diverses«, die dem König gebührende Ehrfurcht mißachtet habe. Gegen diese Verleumdung protestierte Mendelssohn persönlich beim Generalfiskal, woraufhin dieser, auch für die Einhaltung des »Judenprivilegs« zuständige, hohe Beamte Friedrichs ihm mitteilte, er habe durch seinen »Frevel« den »Schutz« verloren und werde aus Preußen ausgewiesen. Die Sache sprach sich wie ein Lauffeuer in der Stadt herum. Es kam zu einer bemerkenswerten Solidaritätsaktion angesehener Bürger und Akademiemitglieder und der Zensor Heinius empörte sich über die Zensur seiner Zensur. Dieser öffentliche Druck bewog schließlich den Großkanzler von Jariges, den alleroberstein Regierungsbeamten

Friedrichs, das Verbot der »Literaturbriefe« wieder aufzuheben. Nicolai schreibt, dass es »mit Vergnügen« zu sehen gewesen sei, »daß damals gelehrte Männer gegen einen Eingriff in die Denkfreiheit gemeinschaftliche Sache machten; und, daß durch eine Appellation [...] in sehr kurzer Zeit alles wieder hergestellt ward.« Mendelssohn habe die Affäre letztendlich genützt, weil dadurch »seine Verdienste allgemeiner erkannt und geschätzt wurden«. Ohne das große öffentliche Ansehen Nicolais und Mendelssohns hätte dieser Anschlag des Staatsrates auf den mutigen Verleger und Literaturkritiker und den zu diesem Zeitpunkt noch nicht »privilegierten« Juden wahrscheinlich üble Folgen gehabt, das zeigt Nicolais Bericht ganz deutlich. Daraus lässt sich schließen, dass weniger prominente und spektakuläre Zensurfälle und ihre Opfer im Dunkeln blieben.

Nicolai vermutete, dass der König von dem Verbot durch seinen Staatsrat nichts gewusst habe und mokierte sich über die ungebildeten Minister, die »nachdem die *Literaturbriefe* schon bis in den 13ten Band fortgesetzt waren, und in der deutschen gelehrten Welt nicht wenig Lärm gemacht hatten«, die Zeitschrift nicht kannten und über ihre Inhalte nichts wussten. Nicolai wusste, dass diese Beurteilung auch auf den König zutraf, hütete sich aber, das auszusprechen. Zur Zensurpraxis schreibt er, dass es »immer in Berlin eine Zensur über die zu druckenden Schriften« gegeben habe, die aber von vielen Buchdruckern und Buchhändlern umgangen worden sei. Er dagegen habe – »da es immer meine Art gewesen ist die bestehenden Gesetze genau zu beobachten« – sich an das Zensuredikt gehalten. Diese Akzeptanz der preußischen Gesetze hielt ihn indes nicht davon ab, gegen die Zensur in anderen Staaten heftig und öffentlich zu protestieren. Als ein Zensor des Großherzogtums Sachsen-Weimar-Eisenach in Band 30,2 der »Allgemeinen Deutschen Bibliothek« ganze Textpassagen geschwärzt hatte, schrieb Nicolai in Band 32 (1777): »Es ist die Sache aller Liebhaber der Wahrheit, sie mögen

Schriftsteller oder Leser seyn, gegen diese erniedrigende und ver-
derbliche litterarische Inquisition ihre Stimmen laut zu erheben;
die gekränkten Rechte des Menschlichen Verstandes zu verfech-
ten, und die nöthige Mittheilung, den heilsamen Umlauf nützli-
cher Einsichten, wodurch allein der Einbruch der Unwissenheit
und der Barbarey gehindert wird, offen zu erhalten.«[36] Der Chef
dieses Zensors war übrigens der Geheime Legationsrat Goethe,
der als Mitglied des »Geheimen Consiliums« an allen wichtigen
Regierungsgeschäften beteiligt war. Goethe war tief gekränkt
über Nicolais 1775 erschienene Parodie[37] auf seinen »Werther«
und hatte seinem Zorn zunächst in zu seinen Lebzeiten unveröf-
fentlichten Invektiven und dann 1797 gemeinsam mit Schiller in
den Xenien freien Lauf gelassen. Folgendes »Gedicht« Goethes
fand sich in seinem Nachlass:

»Nicolai auf Werthers Grabe (1775)

Ein junger Mann – Ich weiß nicht wie – Verstarb an der Hypo-
chondrie – Und ward dann auch begraben. – Da kam ein schöner
Geist herbei – Der hatte seinen Stuhlgang frei – Wie ihn so Leute
haben. – Der setzt sich nieder auf das Grab – Und legt sein rein-
lich Häuflein ab – Schaut mit Behagen seinen Dreck – Geht wohl
erathmend wieder weg – Und spricht zu sich bedächtiglich: ›Der
gute Mensch, er dauert mich, – Wie hat er sich verdorben! – Hätt'
er ge...... so wie ich – Er wäre nicht gestorben!‹«.[38]

Als die von Nicolai herausgegebene »Allgemeine Deutsche
Bibliothek« 1777 »für alle österreichischen Länder« komplett
verboten wurde, kritisierte er die Zensoren, »selbst gelehrte
Männer«, mit fast identischen Argumenten wie den weimarischen
Zensor.[39]

Das Zensur-Edikt Friedrichs II. war gerade in Kraft getre-
ten, als Nicolai 1749 in Frankfurt (Oder) seine Buchhändlerlehre
antrat. Es hatte seither seinen Weg als Autor, Verleger und Buchhändler begleitet und er wird seine Bestimmungen genau gekannt
haben. Den Buchdruckern und Verlegern drohte eine Geldstrafe

von »Ein-Hundert-Rthlr. Fiscalstrafe«, wenn sie von der Zensur nicht freigegebene Publikationen druckten, verlegten, verkauften. Das war schon eine beträchtliche Summe, die in heutiger Währung etwa 3000 Euro entsprach. Wenn Buchhändler »wissentlich« außerhalb Preußens hergestellte »scandaleuse und anstößige Bucher und Wercke« verkauften, »darinnen etwas wider die Religion oder guten Sitten enthalten sey« mussten sie, wenn sie erwischt wurden, für jedes Buch »Zehen Rthlr.« bezahlen. Von der Zensur ausgenommen waren die Schriften, die »von Unserer Academie derer Wissenschaften zum Druck befördert« wurden. Auf die von ihm höchstpersönlich berufenen Mitglieder der Akademie glaubte Friedrich sich verlassen zu können. Die Universitäten waren ebenfalls zensurfrei, »massen die Facultäten daselbst die Censur übernehmen, und davor stehen müssen«. Die Provinzblätter wurden nicht von der Berliner Zensur-Kommission geprüft, weil »deren Censur in jeglicher Provinz der Landes-Regierung oder des Orts-Magistrats überlassen wird«.[40]

Journalisten, die außerhalb Preußens Kritisches über Friedrichs Regierung, das Leben an seinem Hof und/oder Vorgänge in »seinem« Land schrieben, ließ er auch schon mal durch bezahlte Schläger »maßregeln«. In der von Julius Rodenberg herausgegebenen, ausgesprochen hohenzollern- und preußenfreundlichen »Deutschen Rundschau« erschien 1879 ein Artikel über die Berliner Presse im 18. Jahrhundert. Darin heißt es: »Der Zeitungsschreiber war in den Augen der Regierenden und ihrer Beamten eine höchst untergeordnete, mit einer gewissen Geringschätzung betrachtete Persönlichkeit; der Beruf stand gewissermaßen außerhalb bestehenden Rechts. Sogar gefürchtete und angesehene Redacteure waren keinen Augenblick vor persönlicher Mißhandlung sicher.«[41] Der Autor berichtet zwei solche von Friedrich II. angeordnete Fälle: Schon im ersten Jahr seiner Regierung befahl er, den Herausgeber der »einflußreichen österreichisch gesinnten« »Gazette de Cologne«, Roderique, mit

»einer »Tracht Prügel« zur Raison zu bringen. Für die Bezahlung eines von seinem Gesandten in Köln dafür angeheuerten Schlägers überwies er 100 Dukaten. Da der Schläger mit der Hälfte zufrieden war, ordnete der König an, das Geld aufzubewahren »und zu demselben Zweck zu verwenden, sobald dem Roderique sein Buckel wieder jucken sollte«.[42] Das ist keine Anekdote unbestimmter Herkunft, sondern ein aktenkundiger Fall, den der über jeden Verdacht erhabene Historiker der Geschichte Preußens, Johann Gustav Droysen, auch in der »Zeitschrift für Preußische Geschichte« (Bd. XIII, S. 11) berichtete. In der vom »Verein für die Geschichte Berlins« 1912 herausgegebenen Studie »Berliner geschriebene Zeitungen aus dem Jahr 1740. Der Regierungsanfang Friedrichs des Großen« wird der Vorgang mit genaueren Angaben bestätigt: Bei der »Tracht Prügel« handelte es sich um eine schwere »körperliche Züchtigung von hundert Schlägen«.[43] Ein anderer Fall spielte sich im Siebenjährigen Krieg ab. Einem ihm verhassten Redakteur der »Erlanger Zeitung« ließ Friedrich durch einen Offizier fünfundzwanzig Stockhiebe »aufzählen« und sich die Exekution dieser Strafmaßnahme schriftlich bestätigen.[44] In der Einleitung der Studie des »Vereins für die Geschichte Berlins« schreibt der Autor, Friedrichs II. Pressepolitik lakonisch zusammenfassend, dessen bekannter Ausspruch: »Gazetten dürfen nicht geniret werden« sei durch diese Mißhandlungen unbotmäßiger Journalisten »längst ins richtige Licht gerückt«.

In Edikten der Jahre 1755 und 1772 ordnete Friedrich weitere Verschärfungen der Zensur an. Im Widerspruch zu dieser Praxis des Königs schreibt Peter de Mendelssohn, »daß die tatkräftige Unterstützung, die der König Kunst und Wissenschaft zuteil werden ließ, und die völlige Freiheit, mit der er jede ihrer Richtungen duldete« dazu führte, »daß freisinnige Gelehrte und Schriftsteller aus ganz Deutschland in Berlin zusammenströmten. [...] In Berlin konnten die Schriftsteller drucken lassen, was im gesamten übrigen Deutschland verboten worden wäre.«[45] Diese Legendenbildung findet ihre Erklärung in der noch schärferen Zensurpraxis anderer, in ihren Kleinstaaten absolutistisch herrschender Fürsten. Über die auf Anordnung des Herzogs Karl Eugen von Württemberg erfolgte Entführung des Schriftstellers und Journalisten Christian Friedrich Daniel Schubart (1739–1791) und seine zehnjährige Isolationshaft auf der Festung Hohenasperg bei Stuttgart empörten sich freiheitlich gesinnte Schriftsteller und Politiker in ganz Deutschland. Sein Vergehen war die Herausgabe der kritischen »Deutschen Chronik«, in der Schubart selbst verfasste Artikel gegen den Hof und die Kirche veröffentlichte. In seinem schrecklichen Kerker erschien ihm Preußen als ein Paradies der Freiheit. Friedrich II. verehrte er in glühenden Gedichten. Als der König 1786 starb, ging für Schubart das Licht der Aufklärung unter. Nachdem er 1787 aus dem Kerker entlassen wurde, war er ein physisch und psychisch gebrochener Mann.[46] Ähnliche Fälle gab es in Sachsen und Hessen. Vor allem aber erschien Friedrichs Zensurpraxis in der historischen Rückschau geradezu milde im Vergleich mit der seines Nachfolgers Friedrich Wilhelm II. Dessen allmächtiger Minister Wöllner hasste die Berliner Aufklärer, die sich in der »Mittwochsgesellschaft« versammelten und in der »Berlinischen Monatsschrift« unter Beteiligung von Mendelssohn und Kant über Fragen der Aufklärung diskutierten, darunter auch über »Denk- und Druckfreiheit«.[47] Unter dem Druck der verschärften Zensur nach Friedrichs Tod musste Nicolai seine literaturkritische Zeitschrift, die »Allgemeine Deutsche Bibliothek« von 1792 bis 1800 als »Neue Allgemeine deutsche Bibliothek« von dem Kieler Buchhändler Carl Ernst Bohn herausgeben lassen. Nach dem Regierungsantritt Friedrich Wilhelms III. holte Nicolai seine Zeitschrift zurück nach Berlin und gab sie wieder selbst heraus. Während der Regierungszeit Friedrichs II. hatte Nicolai für seine Verlagsbuchhandlung Anfang der 70er-Jahre eine sehr privilegierte Stellung erreicht. 1775 wurde seine »Allgemeine Deutsche

Bibliothek« auf Beschluss des Staatsrates als »nützliches Werk« deklariert, aber unter Friedrichs Nachfolger[48] musste die bedeutendste deutsche literaturkritische Zeitschrift des Jahrhunderts, die Nicolai als sein Lebenswerk betrachtete, ins Exil. Nach der Verleihung des Privilegs durch den preußischen Staatsrat hatte Nicolai geschrieben: »Ich empfinde tief in meinem Herzen, will auch alle, die mit mir unter dem Schutze Friedrichs des Großen wohnen, daran erinnern, wie sehr wir Ursache haben, Gott täglich zu danken, daß wir unter der Regierung dieses Einzigen leben, unter der Freiheit zu denken und mit ihr die Liebe zur Wahrheit begünstigt werden, wodurch mit der Aufklärung des Verstandes sich zugleich anstatt eines steifen Herkommens echte gute Sitten, anstatt leerer für Religionsübungen geachteter Zeremonien und eines finsteren Aberglaubens herzliche Religionsgesinnungen immer mehr durch alle Stände verbreiten.«[49] Vor diesem Hintergrund kann man Nicolais lebenslange Verehrung Friedrichs, den er schon Jahre vor dessen Tod »den Großen« nannte, verstehen. Seine Freunde Lessing und Mendelssohn hatten dagegen keine Gründe, sich für Friedrichs II. Herrschaft täglich bei Gott zu bedanken.

Das harte Regiment Friedrichs II. gegen die Juden

Mendelssohn, der es sich nicht leisten konnte, des Königs harte »Judenpolitik«, von der er persönlich betroffen war, offen zu kritisieren. Er musste seinen Bedrücker im Interesse der Juden in Preußen und besonders der jüdischen Gemeinde Berlins sogar »pflichtschuldigst« loben. Er schrieb Predigten zur Feier des Sieges Friedrichs im Siebenjährigen Krieg (Schlachten bei Roßbach und Leuthen), die von dem Oberrabbiner Fränkel, Mendelssohns Förderer und Freund, in der Berliner Synagoge vorgetragen wurden. Aus diesem Anlass übersetzte er auch Danklieder aus dem

Hebräischen ins Deutsche. Wie ihm dabei zumute war, zeigt ein Brief an Lessing vom 25. November 1757: »Geliebter Freund! […] Ich will nunmehr für nichts in der Welt mehr schwören, da es schon so weit gekommen, daß ich eine Predigt schreibe, und einen König lobe. Ich habe auch einige hebräische Danklieder ins Deutsche übersetzt, und sie sind gedruckt. Sie scheinen mir aber nicht wichtig genug, sie Ihnen zu schicken. […] Was Sie von dieser Predigt denken, brauchen Sie gar nicht zu schreiben. Ich kann mirs so ungefähr schon vorstellen. […] Wissen Sie auch wohl, mein lieber Lessing, daß der Winter bald zu Ende eilet, und daß Sie uns versprochen, noch diesen Winter bey uns zu seyn? Wir haben viel, sehr viel miteinander mündlich auszureden […]«.[50] Neben der Ablehnung seiner Berufung in die Akademie durch den König war die jahrelange Verweigerung eines gesicherten Aufenthaltsrechts für sich und seine Familie eine weitere Demütigung Mendelssohns. Er gehörte, als er sich 1761 in Fromet Gugenheim aus Hamburg verliebte und sie zu heiraten beschloss, immer noch zu den in Preußen nur geduldeten Juden, obwohl er seit fast zwanzig Jahren in der Stadt lebte und sich bereits weit über ihre Grenzen hinaus einen geachteten Namen erworben hatte. Sein Aufenthaltsrecht in Berlin war an seine Anstellung bei dem Seidenfabrikanten Isaak Bernhard gebunden, der zu Friedrichs »Schutzjuden« gehörte. Ohne eigenen gesicherten Status in Berlin konnte Mendelssohn nur mit einer Sondergenehmigung heiraten, die er über den Vorsteher der jüdischen Gemeinde beim für das »Judenreglement« zuständigen Generalfiskal einreichen musste. An diese Erlaubnis war auch das Zuzugsrecht für Fromet gebunden. Als sich die bürokratische Bearbeitung des Antrags wegen der Abwesenheit des Königs, der sich in seinem Winterquartier in Schlesien aufhielt, in die Länge zog, musste Mendelssohn seine unruhig werdende Braut vertrösten. Endlich konnte er ihr im März 1762 die Neuigkeit melden. Der Brief, in dem er seine zukünftige Frau zu ihrem »Niederlassungsrecht«

in Preußen beglückwünschte, ist ein seltenes Zeugnis ironischer Bitterkeit, die ihm eigentlich fremd war: »Liebste Fromet! […] Nunmehr sind Sie so gut wie Herr Moses Wessely ein preußischer Untertan und müssen die preußische Partei ergreifen. Sie werden also auf gut preußisch alles glauben, was zu unserem Vorteil ist. Die Russen, die Türken, die Amerikaner stehen uns alle zu Dienst und warten nur auf unsern Wink. Unsere Münze wird noch besser als Banko [gerade erst hatte Friedrich mithilfe seiner Berliner »Münzjuden« Ephraim und Itzig durch eine massive Minderung des Silbergehalts in den preußischen Münzen auf betrügerische Weise seine durch den langen Krieg fast leere Kriegskasse wieder gefüllt, M. K.], die ganze Welt wird Sicherheit in Berlin suchen, und unsere Börse wird berühmt vom Schloßplatz bis an unser Haus. Dieses Alles müssen Sie glauben, denn Sie haben Niederlassungsrecht in Berlin.«[51] Diese Heiratserlaubnis und die Eheschließung änderten aber nichts an seinem unsicheren Status als »geduldeter Jude«. Für eine Familie mit Kindern brauchte er einen besseren Rechtsstatus, um den bei der Regierung nachzusuchen er sich scheute, weil er befürchtete, erneut gedemütigt zu werden. Erst im April 1763, als Fromet hochschwanger war, konnte er sich überwinden, das Gesuch, eine Bittschrift an den König zu schreiben, von dessen Gnade allein die Genehmigung abhing. In unterwürfigem Ton, der ihm verhasst war, schrieb er: »Ich habe von meiner Kindheit an ständig in Ew. Majestät Staaten gelebt, und wünsche, mich auf immer in denselben niederlassen zu können. Da ich aber ein Ausländer bin, und das nach dem Reglement erforderliche Vermögen nicht besitze, so erkühne ich mich allerunterthänigst, zu bitten: Ew. Königl. Majestät mögn allergnädigst geruhen, mir mit meinen Nachkommen Dero allerhöchsten Schutz nebst den Freyheiten, die Dero Unterthanen zu genießen haben, angedeihen zu lassen, in Betrachtung, daß ich den Abgang an Vermögen, durch meine Bemühungen in den Wissenschaften ersetze, die sich Ew. Maj.

Protektion vorzüglicher Weise zu erfreuen haben.«[52] Das Gesuch wurde von Friedrichs engem Freund, dem in Berlin lebenden französischen Schriftsteller und Philosophen Marquis d'Argens, der ein Verehrer Mendelssohns war und ihn zu diesem Schritt ermutigt hatte, dem König persönlich überreicht. Was Mendelssohn befürchtet hatte, trat ein: Der König antwortete nicht. Nach drei Monaten drängte der Marquis darauf, das Gesuch zu wiederholen, worauf Mendelssohn sich widerwillig, aber der Not gehorchend einließ. Um den König an einer empfindlichen Stelle seines Selbstbewusstseins zu reizen, fügte d'Argens dem Schreiben eine witzige Bemerkung hinzu: »Ein Philosoph, der ein schlechter Katholik ist, [damit meinte er sich selbst, M.K.], bittet einen Philosophen, der ein schlechter Protestant ist [damit meinte er Friedrich, M.K.], um das Privilegium für einen Philosophen, der ein schlechter Jude ist. Hierin steckt zuviel Philosophie, als daß die Vernunft nicht auf Seiten des Gesuches stünde.«[53] Das war im Kern eine beschämende Fürsprache, denn als »schlechten Juden« hätte Mendelssohn, der alle Aufforderungen, dem Judentum abzuschwören, öffentlich zurückgewiesen hat (die Auseinandersetzung mit Lavater) und der sich durch die Bannflüche orthodoxer Rabbinen nicht von seiner Berliner jüdischen Gemeinde entfremden ließ, nie bezeichnet. Aber ohne die nachhaltige Fürsprache dieses Vertrauten des Königs wäre sein Gesuch wahrscheinlich abgelehnt worden. Endlich, im Oktober 1763, das erste Kind der Mendelssohns war schon einige Monate alt, wurde ihm per Kabinettsordre der Status eines »außerordentlichen Schutzjuden« zuerkannt. Seine Kinder waren in dieses Privileg eines eigenen Aufenthaltsrechts für Berlin nicht eingeschlossen. Das konnte er aber um den Preis von 1000 Talern für jedes Kind vom König kaufen. So verfügte es das 1750 von Friedrich erlassene »Generalprivileg«, in dem die Juden in Preußen und ihre an bedrückende »Pflichten« gebundenen »Rechte« in sechs Kategorien eingeteilt wurden:

1. *Generalprivilegierte:* Das waren wenige, den christlichen Kaufleuten in ihren Handelsrechten weitgehend gleichgestellte Hof- und Finanzjuden, ohne deren finanzielle Unterstützung der Staat Friedrichs II. schon bald nach seinem Regierungsantritt bankrott gegangen wäre.

2. *Ordentliche Schutzjuden:* Sie bildeten den jüdischen Mittelstand. Sie hatten ein unbefristetes Aufenthaltsrecht an einem Ort Preußens, der in einem »Schutzbrief« festgelegt war, den sie auf *ein* Kind »vererben« durften. Einem zweiten Kind wurde das Niederlassungsrecht nur gestattet, »wenn es Genie zu Fabriken und Manufakturen« nachweisen konnte. Die Genehmigung, ein Haus zu bauen, erhielten zweite Kinder nur, wenn sie es auf einer »wüsten Stelle« errichteten. Für dieses »Zugeständnis« musste die preußische Judenschaft 70 000 Taler an die Staatskasse bezahlen.

3. *Außerordentliche Schutzjuden:* Sie konnten ihr Aufenthaltsrecht nicht an ein Kind vererben, dieses »Recht« aber für 1000 Taler bei ihrem König kaufen.

4. *Publique Bediente:* Sie hatten die Rechte der 3. Kategorie. Es handelte sich um Rabbiner, Lehrer, koschere Bäcker und Fleischer, hebräische Buchdrucker und Totengräber, also das »rituelle Personal«, das zum Bestand der jüdischen Gemeinden erforderlich war.

5. *Tolerierte und Geduldete:* Sie hatten keine Rechtsansprüche und konnten jederzeit willkürlich ausgewiesen werden. Zu dieser Kategorie gehörte Mendelssohn, bis er nach sieben Jahren die Hauslehrerstelle bekam.

6. *Privatdienstboten:* deren Rechtsstatus war an den ihres jüdischen Arbeitgebers, ihres »Herrn«, gebunden. Sobald sie entlassen wurden, konnten sie ausgewiesen werden. Ein Kind durften sie nicht »ansetzen«, wie es im Beamtendeutsch des »Generalprivilegs« hieß. Zu dieser Kategorie gehörte Mendelssohn, bis er ein »außerordentlicher Schutzjude« wurde.

Die Liste der Abgaben, die gemäß »Generalprivileg« regelmäßig als »Jahressteuern« von der Judenschaft Preußens an die Staatskasse abgeführt werden mussten, ist lang. Hinzu kamen alle möglichen Gebühren bei sogenannten besonderen Anlässen. Dann gab es noch eine Liste mit individuellen Abgaben.

Schlimme Folgen für den solidarischen Zusammenhalt der Gemeinden hatte die »Solidarische Haftung«: Die gesamte Gemeinde haftete dem Staat gegenüber für Vergehen und Verbrechen einzelner Mitglieder. Aus dieser Bestimmung resultierte das rigide Ordnungssystem, die Polizeigewalt der Gemeinden, das bis zu einem jüdischen Torsteher reichte, der die Ankömmlinge, die das für Juden bestimmte Stadttor passieren wollten, peinlich überprüfen musste, denn auch für jeden »Unbefugten« galt die Kollektivhaftung.[54]

Von allen Preußenkönigen betrieb Friedrich II. die härteste Politik gegen die Juden. Für diesen »Prototyp eines aufgeklärten Herrschers« (Bruer) waren die Juden »grundsätzlich ein Übel in der preußischen Gesellschaft«, die er ausschließlich nach seinem jeweiligen macht- und finanzpolitischen Kalkül behandelte.[55] Dass die Juden in Preußen und Berlin sich diesem Despoten gegenüber im Ganzen loyal verhielten, seine »Heldentaten« als Kriegsherr in Oden und Predigten anlässlich seiner »Siege« auch noch feierten, lag daran, dass es in Preußen keine Pogrome gab wie in Russland, sie nicht aus Berlin vertrieben wurden, wie es die fromme christkatholische Kaiserin Maria Theresia mit den Wiener und Prager Juden vorhatte, dass sie nicht gezwungen waren, wie diese ein gelbes Judenband an ihrer Kopfbedeckung zu tragen oder, wie in Spanien und Portugal, von der heiligen Inquisition auf Scheiterhaufen verbrannt wurden. Und vor allem: Friedrich verachtete zwar ihre Religion, aber er mischte sich nicht in ihr religiöses Leben ein. Nur in dieser Hinsicht konnte in seinem Staat »jeder nach seiner Façon selig werden«. Dieser Grundsatz hinderte ihn aber nicht daran, die »ehrbaren christlichen Kaufleute«

47

vor der Konkurrenz »jüdischer Händler« zu schützen und seine Eroberungskriege als Verteidigung des Protestantismus gegen die Weltmachtansprüche der habsburgischen katholischen Kaiser zu legitimieren. Als Kronprinz hatte er zwar seinen »Anti-Machiavell« geschrieben, als König aber betrieb er eine machiavellistische Politik.

Die Juden in Preußen, besonders die in der Residenzstadt Berlin lebenden, hatten bei Friedrichs Regierungsantritt gehofft, dass der sich in seinen Jugendschriften aufgeklärt und menschenfreundlich darstellende Kronprinz Friedrich die »eiserne Zeit«, wie sie die sechsundzwanzig Regierungsjahre Friedrich Wilhelm I. nannten, beenden würde. Das Gegenteil trat ein. Der junge König lockerte nicht die Bestimmungen des Judenreglements seines Vaters, sondern verschärfte sie. Im »Generalprivileg« wurden die Juden ausschließlich nach ihrem ökonomischen Nutzen für die Staatskasse, aus der die Eroberungskriege Friedrichs finanziert werden mussten, klassifiziert: »Im grellen Widerspruch zu dem Bestreben des Königs, die Aufklärung und religiöse Toleranz in Preußen zur Herrschaft zu bringen, steht die große Abneigung, welche er bei allen Gelegenheiten gegen die Juden zur Schau trug. Die Juden blieben auch unter der Regierung Friedrichs des Großen die Parias der Gesellschaft, ausgeschlossen von den meisten bürgerlichen Rechten und belastet mit schweren ungerechtfertigten Abgaben. Friedrich stand mit seiner Abneigung gegen die Juden ganz auf dem Standpunkt des gewöhnlichen Volks; wie dieses hätte er am liebsten die verhaßten Wucherer, Betrüger etc. aus dem Lande gejagt und wenn er es nicht that, so hat eine solche Schonung nur darin ihren Grund, daß die reichen Juden eine einträgliche Geldquelle für ihn waren. Friedrichs Widerwille gegen die Juden war so groß, daß er nur höchst ungern eine Vermehrung derselben sah und jede Gelegenheit benutzte, um die ausgegebenen Schutzbriefe wieder einzuziehen.«[56]

Als Lessing, Mendelssohn und Nicolai sich 1755 in Berlin kennenlernten, war das Leben in der Stadt und im Land durch die bereits fünfzehn Jahre während Regierung Friedrichs II. mit ihren Licht- und Schattenseiten und auch ganz direkt durch seine Persönlichkeit bereits stark geprägt. Während Friedrich Nicolai als gut situierter Stadtbürger und Erbe einer renommierten Verlagsbuchhandlung, in der nach der Überlieferung der König sich schon als Kronprinz heimlich vom Vater verbotene Bücher gekauft hatte, im Licht des Königs stand, musste der zugereiste Sachse Lessing schon als junger Mann erkennen, dass er den auf ihn gefallenen Schatten des Königs nicht wieder loswerden würde. Und Moses Mendelssohn? Sein Sohn Joseph berichtete Nicolai folgende Begebenheit: Als der Marquis d'Argens hörte, dass Mendelssohn nur ein »geduldeter Jude« sei und sofort von der Polizei zum Verlassen des Landes gezwungen würde, wenn er seine Anstellung bei dem »Schutzjuden« verlöre und kein anderer ihm Arbeit geben würde, wollte er nicht glauben, »daß ein so weiser und gelehrter Mann, den jeder Rechtschaffene hochschätzen mußte, täglich in der Gefahr sein sollte, sich auf so niedrige Weise behandelt zu sehen«. Bei der nächsten Begegnung sprach er Mendelssohn darauf an und soll diese Antwort von ihm bekommen haben: »Sokrates bewies ja seinem Freunde Criton, daß der Weise schuldig ist zu sterben, wenn es die Gesetze des Staates fordern. Ich muß also die Gesetze des Staates, in welchem ich lebe, noch für milde halten, daß sie mich bloß austreiben, im Fall mich in Ermangelung eines anderen Schutzjuden auch nicht ein Trödeljude für seinen Diener erklären will.«[57]

Friedrich II. und die deutsche Literatur

Aus seiner Gleichgültigkeit gegen die deutsche Literatur, die sich bis zum Spott steigern konnte, hat der König nie einen Hehl gemacht. Es war ihm einerlei, was die deutschen Schriftsteller von seiner Ablehnung hielten. Für die drei Freunde schien Friedrichs Haltung, als sie die Bühne der deutschen Literatur mit eigenen Werken betraten, schon so selbstverständlich zu sein, dass man von keinem eine direkte Kritik dazu findet. In ihren Ausführungen zur deutschen Sprache und Literatur kritisieren sie aber immer wieder das »Französieren« an den Höfen und in der sich daran orientierenden »vornehmen Gesellschaft«. Man kann die lebenslangen Bemühungen des »Dreigestirns« zur »Hebung« der deutschen Sprache und Literatur auch als einen permanenten Kampf gegen die Ignoranz und Missachtung des deutschen Geisteslebens ihrer Zeit durch die vom Hofleben geprägte höhere Adelsgesellschaft lesen, wie sie der Johann Kaspar Riesbeck in seinem 1783 anonym herausgegebenen Reisebericht beschreibt, der im »gebildeten Europa« auf großes Interesse stieß. Über die deutschen Fürsten im Allgemeinen und über den preußischen König im Besonderen schreibt er: »Nichts hemmt die Entwickelung des Genies der Deutschen so stark als die Gleichgültigkeit der Fürsten gegen die deutsche Literatur. […] Allein, wenn einer der ersten Fürsten Deutschlands selbst seinen Landsleuten Vorwürfe macht, daß sie noch keinen Virgil, keinen Horaz, keinen Tullius, keinen Corneille, keinen Molière, keinen Voltaire und keinen Tasso hervorgebracht haben, so sollte er doch bedenken, daß die Fürsten das meiste zur Bildung des Geschmacks und der Sprache und zur Entwickelung des Genies beitragen müssen.«[58] An den meisten Höfen in Deutschland halte man es »für unanständig und pöbelhaft, seine Muttersprache zu sprechen«. Der Hof sei aber *der* Ort, »wo die Sprache die Rundung, den Schliff und die Leichtigkeit am schnellsten bekommen« könne. Von den Höfen könnten die deutschen Schriftsteller aber weder Aufmunterung noch Belohnung erwarten. Nur der »kleine Weimarsche Hof« lasse das »vaterländische Genie nicht hungern«, müsse aber aus Geldmangel »die schönen Geister zu Räten, Sekretären und Superintendenten machen«, um sie bezahlen zu können. Über Friedrich schreibt er weiter: »Der König hat eine Akademie, die eben nicht aus den besten Köpfen besteht, die man hier auffinden könnte.« Sein »Vorurteil« für die Franzosen führe dazu, dass er seine Akademie lieber mit einem mittelmäßigen Ausländer, als mit einem hervorragenden deutschen Gelehrten »komplettiere«. Der König habe durch seine Schrift »Sur la littérature allemande« den Deutschen »ein öffentliches Zeugnis gegeben, daß er ihre Literatur und sogar ihre Sprache nicht kennt«.[59] In seiner Jugend habe besonders »zu Berlin eine Barbarei« geherrscht, die ihn »angeekelt« habe. Sein »Geschmack« habe sich aus diesem Grund an die Franzosen und Italiener gewöhnt. Dabei sei er als Erwachsener geblieben: »Unterdessen ging das Licht in Deutschland auf, ohne daß er es sah. Er sprach und schrieb nur französisch, und der Spott der fremden schönen Geister, die ihn umgaben und kein deutsch verstanden, befestigte sein Vorurteil.«[60]

Für uns ist wichtig, dass Riesbecks bedeutendste Berliner Gesprächspartner in Sachen Literatur Moses Mendelssohn und Friedrich Nicolai waren, mit denen er mehrfach über seine Wahrnehmungen redete. Mendelssohn nennt er einen der »merkwürdigsten Schriftsteller Deutschlands. Seine Werke haben eine Eleganz und seine Sprache ist so reich, rund und bestimmt, daß er mit der Zeit klassisch werden muß. [...] Jetzt beschäftigt er sich in seinen Nebenstunden mit Beiträgen zur Aufklärung seiner zerstreuten Glaubensgenossen. Er hat auch in seinem Umgang die Eleganz, die ihn als Schriftsteller auszeichnet, und die seine unvorteilhafte körperliche Bildung überwiegend verbessert.«[61] Über Nicolai schreibt Riesbeck: »Herr Nicolai ist für die deutsche Literatur als Schriftsteller, besonders aber als Sammler ein äußerst merkwürdiger Mann. Sein ›Sebaldus Nothanker‹ ist einer der besten deutschen Romane; ganz Original und voll treffender Charaktere und interessanter wahrer Schilderungen. […] Deutschland hat ihm ein kritisches Journal zu verdanken, das an Vollständigkeit und innerm Wert seinesgleichen jetzt in Europa nicht hat.«[62] Mit Lessing konnte Riesbeck auf seiner Reise durch Deutschland nicht mehr sprechen. Lessing war zwar im Dezember 1780 schon krank und schwach, schrieb aber am 26. Januar 1781 noch einen Brief an Herder und konnte am 28. Januar noch von Wolfenbüttel nach Braunschweig reisen. Dort erlitt er am 3. Februar einen »Stickfluß« (Schlaganfall), an dessen Folgen er am 15. Februar starb. Friedrichs II. Schrift über die deutsche Literatur könnte er noch gelesen, zumindest aber davon gehört haben. Sie erschien im November 1780 in französischer Sprache und auf des Autors ausdrücklichen Wunsch fast gleichzeitig in einer Übersetzung ins Deutsche. Sie löste sofort eine heftige Debatte aus, an der sich viele Schriftsteller und Gelehrte beteiligten.

Friedrichs II. in dieser Abhandlung geäußerte Auffassungen über die deutsche Literatur waren nicht neu, sie lagen jetzt aber zum ersten Mal zusammengefasst und in deutscher Sprache vor. Offensichtlich sollte die Schrift gegenüber den seiner Meinung nach im europäischen Vergleich kulturell zurückgebliebenen Deutschen eine pädagogische Provokation sein. Die Provokation ist ihm gelungen, pädagogisch war sie indessen nicht. Der »Zögling«, die deutsche Literatur und Philosophie, hatte nämlich diesen Erzieher an Kenntnissen und Fähigkeiten schon lange überholt, nur hatte der es nicht bemerkt. Friedrich dachte und schrieb bezogen auf die Literatur der Deutschen im Jahr 1780, nach sechsundvierzig Regierungsjahren, die er überwiegend im Zentrum der deutschen Aufklärung, in Berlin, oder doch in seiner unmittelbaren Nachbarschaft in Potsdam, verbracht hatte, noch genau so, wie schon 1737 als Kronprinz an Voltaire: In Deutschland, das unter einer »Unmenge von Souveränen« aufgeteilt sei, fehle ein kulturelles Zentrum, in dem der »einheitliche Gebrauch der Sprache« festgelegt werden könne. Das war freilich 1780 noch immer so. Aber des Kronprinzen Vorhersage, dass diese »Kalami-

DE

LA LITTERATURE

ALLEMANDE;

DES DEFAUTS

QU'ON PEUT LUI REPROCHER;

QUELLES EN SONT LES CAUSES;

ET

PAR QUELS MOYENS ON PEUT LES CORRIGER.

A BERLIN,

chez G. J. DECKER, Imprimeur du Roi.

1 7 8 0.

Faksimile »La Litterature Allemande« von Friedrich II.

tät« auf immer verhindern werde, »daß wir in unserer Sprache gute Bücher bekommen«, war mindestens seit dreißig Jahren durch die Entwicklung in seiner Residenzstadt und in anderen kulturellen

Zentren Deutschlands widerlegt. Die Bücher deutscher Autoren, schrieb er in seiner Jugend an Voltaire, seien »von betäubender Konfusion«. Es bleibe den Gelehrten »also nichts anderes übrig, als in fremden Sprachen zu schreiben«. Da es aber »höchst schwierig« sei, »diese gründlich zu beherrschen«, müsse man befürchten, »daß unsere Literatur niemals Fortschritte machen« werde. Eine erhebliche Schuld an diesem Zustand gibt Friedrich den deutschen Fürsten, »dem leeren Schädel dieser Mächtigen«, die den Gebildeten verachten, sich von den Höflingen schmeicheln lassen und bedeutende Menschen nicht wahrnehmen würden.[63] Seine Kritik an der Ignoranz seiner Fürstenkollegen gegenüber der deutschen Sprache und Literatur traf jedoch in vollem Umfang auf ihn selbst zu. Neun Jahre später, im November 1746, klagt er in einem Brief an seine Schwester Wilhelmine, der er nach eigenem Bekunden sein frühes Interesse an der französischen Literatur zu verdanken hatte, dass in Paris anlässlich der Hochzeit des Dauphin »zwanzig neue Komödien und Tragödien geschrieben worden, während wir in Deutschland keine einzige besitzen. Wir kommen eben erst aus der Barbarei heraus und die Künste stecken noch in den Kinderschuhen«. Die Franzosen seien den Deutschen ein Jahrhundert voraus.[64] In einem Brief an D'Alembert vom 28. Januar 1773 wiederholt er fast wörtlich seine Sicht vom Zustand der deutschen Sprache aus dem Jahr 1737, die damals wohl angemessen war, nun aber schon lange nicht mehr zutraf. Interessant ist, dass er sich bei dieser Diagnose eigentlich hätte fragen müssen, warum er in vierzig Jahren als ein »Philosoph auf dem Königsthron« nichts dafür getan hatte, diesen von ihm beklagten Zustand zu verändern, sich also nicht wie ein »Diener seines Staates«, für den er sich hielt, um die Bildung »seines« Volkes gekümmert hatte, sondern als ein schöngeistiger Privatier ausschließlich seinen eigenen kulturellen Neigungen gefolgt war. Allerdings war für ihn nur die Natur für die Bildungsmisere verantwortlich: »Man muß abwarten, bis die Natur, die sich keine Vorschriften machen läßt, von selber handelt. Wir armen Geschöpfe können weder Anregungen von ihr fordern, noch den Maßregeln vorgreifen, die sie zu treffen gedenkt, um die ersehnten großen Geister hervorzubringen.« Im Gestus eines den nachwachsenden Generationen fremd und misstrauisch gegenüberstehenden alten Mannes dankt der 61-jährige König »dem Himmel«, noch »in der guten Zeit« geboren worden zu sein: »Ich habe die letzten Zeiten dieses für den menschlichen Geist ewig denkwürdigen Jahrhunderts erlebt. Es geht anscheinend immer weiter bergab, bis eines Tages ein großes Genie erscheint, das die Welt aus ihrer Erstarrung wachrüttelt und ihr den stimulus wiedergibt, der sie zu allem antreibt, was für die gesamte Menschheit schätzenswert und von Nutzen ist.«[65] Seltsame Gedanken eines Fürsten, der sich selbst für einen aufgeklärten Philosophen hielt. Zwei Jahre später, 1775, schreibt Friedrich an Voltaire, dass die Deutschen zwar das Bestreben hätten, »die Segnungen der schönen Künste zu genießen«, aber es gelinge ihnen nicht, da ihnen »zwei Voraussetzungen« fehlten: »Die Sprache und der Geschmack. Die Sprache krankt am Wortschwall. Die vornehme Welt spricht französisch, und die paar Schulfüchse und Professoren vermögen ihrer Muttersprache nicht die Eleganz und Leichtigkeit zu verleihen, die sie nur in der guten Gesellschaft erwerben kann.«[66] Aber hatte er nicht selbst alles dafür getan, dass die Professoren und Schriftsteller keinen Zugang zur »vornehmen Gesellschaft« bekamen? – Worunter er das kulturelle Leben seines Hofes einschließlich seiner »Tafelrunde« verstand. In seinem oben zitierten Gedicht »An Mäzen« hatte Lessing schon 1755 genau diese Situation beklagt und kritisiert. In dem Brief Friedrichs an Voltaire heißt es weiter: »An Geschmack fehlt es den Deutschen in allem. Es ist ihnen noch nicht gelungen, die Schriftsteller des Augusteischen Zeitalters nachzuahmen.« Obwohl sein Staatsrat vor Kurzem erst Nicolais literaturkritische Zeitschrift ausgezeichnet hatte, behauptete er, in Deutschland fehle es an ästhetischer Kritik. Und: »Mit Philosophie hat sich seit dem genialen Leibniz und der dicken Monade Wolff niemand mehr beschäftigt. Sie bilden sich ein, gute Theaterstücke zu besitzen, doch bislang ist nichts Vollkommenes erschienen.« Mendelssohns »Phädon« wurde schon in ganz Europa gelesen, Kant hatte schon einige Werke veröffentlicht, Lessings »Minna von Barnhelm« ist, gegen den Widerstand der preußischen Zensoren, schon seit Jahren auf den Bühnen und seine »Emilia Galotti«, die international als der Höhepunkt des deutschen Trauerspiels gefeiert wird, ist seit vier Jahren fertig. Vielleicht, schreibt Friedrich an den greisen Voltaire, werde die »Natur« eines Tages ein Erbarmen mit den Deutschen haben. Doch: »Diese schönen Tage meines Vaterlandes werde ich nicht mehr erleben, aber daß sie kommen können, sehe ich voraus.«[67] Der Antwortbrief von Voltaire, auf den Friedrich in seinem nächsten Schreiben Bezug nimmt, ist offensichtlich nicht erhalten geblieben. Am 8. September 1775 schreibt er: »Sie haben recht: unsere biederen Germanen stehen erst im Morgenrot der Bildung. Deutschland steht heute auf der gleichen Stufe, auf der sich die Künste zur Zeit Franz' I. befanden.« Der regierte in Frankreich von 1515–1547. Friedrich bescheinigte den Deutschen also einen kulturellen Rückstand gegenüber Frankreich von 250 Jahren. Für eine eigenständige Blüte der schönen Künste sei der deutsche Boden noch nicht genügend vorbereitet. Bis es soweit sei, müsse man sich mit den nach Deutschland »verpflanzten Fremden« behelfen. Damit beschreibt er exakt seine eigene kulturelle Praxis.

Friedrich bedient sich schon in diesem Brief der »Gärtnersprache« des 18. Jahrhunderts, mit der er fünf Jahre später in seiner provozierenden Schrift über die deutsche Literatur deren Entwicklung zu schildern versucht. Da schreibt er, »daß der Fortschritt sich stets langsam vollzieht und daß der Same, der in die Erde gebettet wird, erst Wurzel schlagen, keimen, wachsen, seine Zweige ausbreiten muß, bevor er Blüten und Früchte erbringt.«[68] In dem Brief an Voltaire vom September 1775 formuliert er in

Ansätzen aber auch eine historische und materialistische Begründung für den von ihm behaupteten gigantischen kulturellen Rückstand der Deutschen: »Der Dreißigjährige Krieg hat Deutschland mehr geschadet, als das Ausland glaubt. Wir mußten zuerst wieder die Felder bestellen, dann Gewerbefleiß schaffen, schließlich etwas Handel treiben.« Auch hier redet er im Subtext eigentlich von sich. Als er an die Regierung kam, war der »Große Krieg« schon neunzig Jahre vorbei und die deutschen Länder befanden sich bereits seit Beginn des 18. Jahrhunderts in einem langsamen, aber stetigen Aufschwung, den er mit seinen insgesamt zwölf Jahre dauernden Kriegen nicht nur in seinem Land Preußen, zwar nicht ganz vernichtet, aber doch erheblich gebremst hatte. Er hat recht, wenn er anmerkt, dass die Künste in einem Land nur in dem Maße vorankommen können, wie sich in ihm ein gewisser »Wohlstand und Luxus« etablieren kann: »Man muß sein Auskommen haben, um sich bilden und frei denken zu können, in der Bildung und den schönen Künsten hat Athen schließlich auch Sparta überflügelt.« Zuletzt ist er wieder der Moses, der sein Volk, wie Friedrich, vierzig Jahre durch die Wüste bis an die Grenzen des gelobten Landes führte, in dem »Milch und Honig« fließen würden, das er selbst zwar von Ferne mehr ahnen als sehen, aber nicht mehr erreichen konnte: »Mein Weg nähert sich dem Ende. Ich werde diese glücklichen Zeiten nicht mehr erleben.« Und dann entschuldigt er noch einmal gegenüber dem zwanzig Jahre älteren Voltaire, vor allem aber wohl gegenüber sich selbst und der »Nachwelt«, sein eigenes bildungspolitisches Versagen mit den Verhältnissen: »Aber was vermag ein Mensch, der zwei Drittel seines Lebens von ständigen Kriegen geplagt wird, der die Wunden heilen muß, die sie geschlagen haben, und dessen allzu mäßige Begabung für derartig große Dinge nicht ausreicht? Unsere Philosophie stammt von Epikur. Gassendi, Newton und Locke haben sie korrigiert; ich rechne es mir zur Ehre an, ihr Schüler gewesen zu sein – aber nicht mehr.«[69]

57

In seiner Schrift »De la litterature Allemande« bringt Friedrich zur Literatur in Deutschland, zu den »schönen Künsten« überhaupt, keine neuen Einsichten bzw. Erkenntnisse. Es handelt sich lediglich um eine gegliederte Zusammenfassung alles dessen, was er zu diesem Thema seit seiner Jugend geschrieben und gesagt hatte, z.B. in den Gesprächen mit Henri de Catt in den Jahren 1758–1762 während des Siebenjährigen Krieges. In diesen fast täglich stattfindenden Unterhaltungen mit seinem jungen Vorleser ist die Literatur, seine eigenen Leseerfahrungen, seine eigenen literarischen Texte und Gedichte, seine Auffassungen über Literatur und Philosophie im Altertum, in den europäischen Ländern seiner Gegenwart ein großes, immer wiederkehrendes Thema. In diesen Gesprächen äußert Friedrich auch schon seine Gedanken über Erziehung und Schulen, die seine Zeitgenossen, die über seine Schrift korrespondierten, offensichtlich noch nicht kannten. Henri de Catt berichtet von einem »Bildungsgespräch«, das im Frühjahr 1760 im Feldlager in Schmettau stattfand. Der König missbilligte die Vernachlässigung der »Schriftsteller des Altertums« in der Schule und an den Universitäten. Die Lehrer würden sich nicht bemühen, den Jugendlichen die »Schönheiten und Fehler« der antiken Texte zu vermitteln. Ihre Erklärungen seien »zu buchstäblich« und »zu platt. Die meisten Lehrer hätten selbst keinen Geschmack und seien unfähig, die antike Literatur gegenstandsbezogen mit der modernen zu vergleichen. De Catt zitiert den König aus dem Gedächtnis bzw. seinen Tagebuchaufzeichnungen: »Wenn man beim Studium der Alten und der Modernen den einzig richtigen Weg einschlüge, das klare, genaue und feine Verständnis des behandelten Schriftstellers zu vermitteln, seine Schönheiten und Fehler zu prüfen und das, was man erklärt, zu vergleichen mit hervorragend behandelten Gegenständen derselben Art, so würde dieser Weg zu dem erfreulichen Ziele führen, daß die Jugend gelehrter wäre; sie würde eine Neigung fassen zu lesen und würde es zu ihrer Hauptbeschäftigung, ihrem

Vergnügen machen, statt daß man jetzt die Jugend voll unbesieglichen Ekels sieht vor den Dingen, die man sie schlecht gelehrt hat.«[70] Für seine Lehrerschelte bekam Friedrich überwiegend Zustimmung, weil er sie so allgemein formuliert hatte, dass sie auf alle Epochen der Schul- und Bildungsgeschichte bis auf den heutigen Tag, mal mehr, mal weniger berechtigt, zutreffen kann.

Da es Mendelssohn, Nicolai und Lessing in den Jahren ihrer Zusammenarbeit vor allem um die »Hebung« der deutschen Umgangssprache durch eine Literatur auf hohem sprachlichen Niveau ging, sollen hier einige Zitate aus Friedrichs Abhandlung »Über die deutsche Literatur; die Mängel, die man ihr vorwerfen kann; die Ursachen derselben und die Mittel, sie zu verbessern«, so der Titel der deutschen Übersetzung, zeigen, was der preußische König zur selben Zeit zur deutschen Sprache dachte und schrieb.

Den französischen und italienischen Schriftstellern bescheinigte er, dass sie durch ihre Literatursprache »das vulgäre Idiom« verfeinert und bereichert hätten: »Nun aber wollen wir einen Blick auf unser Vaterland werfen [dem er in der Einleitung eine vorurteilsfreie Prüfung versprochen hatte! M. K.]. Hier höre ich eine Sprache reden, die alle Anmut vermissen läßt und die jeder nach Lust und Laune traktiert. Wahllos werden die Ausdrücke gebraucht, die treffenden, klaren Wörter in einem Wust nebelhaften Geschwätzes erstickt.«[71] Diese negative Beurteilung spitzt er ein paar Seiten später noch weiter zu. »Schwierig wird es sein«, schreibt er, »die häßlichen Laute zu meiden, deren unsere Sprache so reich ist.«

Diese Äußerungen Friedrichs mussten bei seinen Zeitgenossen Befremden und Empörung hervorrufen, war doch allgemein bekannt, dass er selbst nur ein »Kutscherdeutsch« beherrschte. Eine deutsche Literatursprache, wie er sie forderte, hatte sich 1780 nicht nur in Berlin schon längst herausgebildet und wurde zumindest im Alltag der bürgerlichen Mittel- und Oberschicht gesprochen und geschrieben und in den aufkommenden »neu-sprachlichen« Schulen, wie der Berliner Realschule und in den Philanthropinen der Schulreformer, den Kindern und Jugendlichen des Bürgertums vermittelt.

All diese Entwicklungen hatte Friedrich aber offensichtlich nicht mitbekommen. Da seine Äußerungen weder selbstironisch waren noch diffamieren oder gar bösartig herabsetzen wollten, muss man sie wohl als das Resultat seiner kulturellen Isolierung betrachten bzw. als die Konsequenz seines monadischen Lebens in der von ihm selbst geschaffenen und eifersüchtig bewachten Eigenwelt von Sanssouci. Nur so ist es zu verstehen, dass er im Brustton eines von seiner Mission überzeugten Pädagogen Vorschläge zur Verbesserung der deutschen Sprache macht, die er selbst nur in Ansätzen beherrscht: »Ich sagte bereits, daß die Vervollkommnung der Sprache zur Grundlage werden muß. Es gilt die Sprache zu feilen und zu hobeln, gewandte Hände müssen sie bearbeiten. Erste Regel ist die Klarheit, und alle, die eine Sprache reden oder schreiben, müssen sich diese Regel zum Gesetz machen. Was nützen uns die trefflichsten, glänzendsten Gedanken, wenn wir sie nicht verständlich wiedergeben können?« Mit solchen Allgemeinplätzen geht es in Friedrichs Abhandlung seitenlang weiter.

Von der Annahme und Umsetzung seiner Vorschläge verspricht er sich eine weite Verbreitung des »kostbaren Lichts« einer gebildeten Sprache, jedenfalls in den »höheren Ständen«, die im ersten »Brockhaus«, der eine solche Sprache schon bald nach Friedrichs Tod zur Verfügung stellte, dann als »die gebildeten Stände« bezeichnet wurden: »Die Adeligen, die auf dem Lande leben, fänden passenden Lesestoff und könnten Unterhaltung und Belehrung daraus ziehen. Der grobe Bürger würde geschmeidiger werden, die Müßiggänger beständen den Kampf gegen die Langeweile, der Geschmack an der Literatur würde allgemeiner, Heiterkeit, Anmut und Wohlbehagen hielten Einzug

60

bei uns, und die Unterhaltung fände unerschöpflichen Stoff.« Das alles verspricht er sich von der Übersetzung der antiken Klassiker in eine ausdifferenzierte deutsche Bildungssprache und noch vieles mehr: »Der Umgang mit jenen erhabenen Geistern würde den feinen Takt entwickeln, den edlen Geschmack, der das Schöne aufnimmt, das Mittelmäßige abweist und das Schlechte verwirft. Eine Lesewelt, die solchermaßen aufgeklärt wäre, würde auf die Schriftsteller einen Zwang ausüben, ihre Werke mit größerer Sorgfalt auszuarbeiten und sich nicht eher vor das Publikum zu bringen, bevor sie nicht geziemend verbessert und durchdacht sind.«[72] Diese »Lesewelt« bestand aber schon seit einiger Zeit in seiner Residenzstadt Berlin und anderswo. Friedrich Nicolai berichtete in seiner »Beschreibung der Königlichen Residenzstädte Berlin und Potsdam« über die Schulen, Bibliotheken, die Lesegesellschaft in Potsdam, über die Kaffeehäuser und Kaffeegärten, in denen über Autoren, Neuerscheinungen und die »Komödien« diskutiert wurde. Kurz über die ganze Bücher- und Lesewelt der Hauptstadt. Sein berühmtes Werk lag 1779 schon in einer zweiten Auflage vor. Er hatte es »seinem König« gewidmet. In der Widmung der dritten Auflage, schreibt Nicolai am 28. April 1786: »**Ewr. Königl. Majestät** lege ich die abermals umgearbeitete Ausgabe eines Werks allerunterthänigst zu Füßen, dessen vorige Ausgaben **Allerhöchstdieselben** mit so gnädigem Wohlgefallen aufzunehmen geruhet haben. *Berlin* und *Potsdam* sind von **Ewr. Königl. Majestät** und von **Allerhöchst Dero** glorwürdigen Vorfahren neugeschaffen worden. Was diese nun angefangen hatten, haben **Ew. Königl. Majestät** aufs Vollkommenste ausgeführt. **Allerhöchst Dero** Residenzstädte verdanken **Ewr. Königl. Majestät** die Pracht, den guten Geschmack in Gebäuden, die Einführung und den Flor jedes nützlichen Gewerbes, die Sorge für das Wohl der Einwohner; wodurch sie an Wohlstand so unglaublich zugenommen haben, und wodurch die Residenzstädte die Bewunderung jedes Fremden geworden sind.

Es war meine Absicht, den Erfolg von **Ewr. Königl. Majestät** wohlthätigen Sorgfalt für **Allerhöchst Dero** Residenzstädte zu beschreiben; wie glücklich würde ich mich schätzen, wenn die Ausführungen einigermaßen **Ewr. Königl. Majestät** allerhöchsten Beyfall verdienen könnte.

Ich ersterbe mit tiefster Ehrfurcht
Sire
Ewr. Königl. Majestät
allerunterthänigster Knecht
Friedrich Nicolai

Der Ton und die Schriftgrößen gehörten sich gegenüber »Allerhöchstdieselben«. Das war auch nützlich für die Absicherung und den Umsatz der Verlagsbuchhandlung. Nicolais »Literatursprache« war modern und von dem gedrechselten Untertanendeutsch der »Dedikation« meilenweit entfernt. Der König wird das Nachschlagewerk seines »allerunterthänigsten Knechtes«, aus dem er sich eines Besseren hätte belehren lassen können, trotz der schönen Widmungen nicht gelesen haben. Er konnte es einfach nicht oder es hätte ihm unsägliche Mühen bereitet, weil er Nicolais deutsche Bildungssprache nicht beherrschte, nicht beherrschen konnte, weil es sie seiner Meinung nach zu seinen Lebzeiten noch gar nicht gab, sondern in einer unbestimmten Zukunft, der er seine Schrift »Über die deutsche Literatur« als Vermächtnis hinterlassen wollte, erst entstehen würde.[73]

Wo ist Lessings Kiste?

Als Lessing im November 1760 Berlin für mehrere Jahre in Richtung Breslau verließ, nahm er seine Notizen, Entwürfe und Sammlungen zu einem solchen Wörterbuch nebst anderen angefangenen Arbeiten in einer Reisekiste mit. Nicolai betrachtete diese »Collectaneen« aber nicht als Lessings Privatbesitz, sondern als Ergebnisse der gemeinsamen sprachwissenschaftlichen Studien des Freundeskreises. Als Lessing dann im Frühjahr 1769 seinen Freunden schrieb, dass er für unbestimmte Zeit nach Italien und Griechenland reisen werde, wollte Nicolai verhindern, dass die Früchte ihrer gemeinsamen Arbeit vielleicht auf Nimmerwiedersehen verschwanden.

Statt nach Italien zu reisen, landete Lessing jedoch als Bibliothekar und Hofrat des Herzogs von Braunschweig in Wolfenbüttel. Lessings »Collectaneen« blieben also sicher in seiner Wohnung, in der Kiste, in der er seine unvollendeten Manuskripte verwahrte. Die Angst Nicolais, die kostbaren Texte könnten samt ihres Verfassers in Italien verloren gehen, war über Nacht gegenstandslos geworden. An der Idee zu einem deutschen Wörterbuch hatte Lessing, nach Nicolais Zeugnis, nach 1774 nicht weitergearbeitet. Sie ruhte in seiner Manuskriptkiste, in der Gestalt, die sie bis dahin angenommen hatte.

Als einziger aus dem Berliner Freundeskreis arbeitete Friedrich Nicolai an dem Plan zu einem allgemeinen deutschen Wörterbuch weiter. Das berichtet er in einer seitenlangen Anmerkung zu dem eingangs zitierten Brief aus dem Jahr 1769, die er diesem erst nach Lessings Tod, anlässlich der Veröffentlichung von Lessings Briefwechsel mit seinen Freunden, anfügte. Zu der Bitte: »[…] so sollten Sie mir wohl Ihre Collectaneen zu einem deutschen Wörterbuche hier lassen«, schreibt Nicolai in dieser Anmerkung: »Ich wünschte, dass Lessing dieses Verlangen erfüllt hätte, so würden diese interessanten Collectaneen noch vorhanden seyn. Sie sind wahrscheinlich in der Kiste gewesen, die zwischen Leipzig und Braunschweig verloren ging.«[74] Dabei handelte es sich um eine Reise in den Jahren 1775/76, von der noch die Rede sein wird.

In den nach Lessings Tod von Freunden und Bekannten aufgeschriebenen Erinnerungen und in diversen Lessing-Biografien gibt es vom Inhalt dieser Kiste und darüber, wie sie verloren ging, verschiedene Versionen. Von Lessing selbst konnte ich nur einen Hinweis darauf finden. Am 16. Juni 1776 schreibt Lessing nach seiner Rückkehr von der Italienreise an seinen Bruder Karl: »Die traurige Geschichte mit meiner Kiste aus Dresden hatte ich schon von dem hiesigen Buchhändler Gebler vernommen. Allem Anscheine nach ist sie verloren, und mit ihr zugleich eine Menge Dinge, die mir unersetzlich sind. [...] Es waren an die vierzig neue Fabeln darin, von denen ich keine einzige wieder herstellen kann. Auch war meine fast völlig fertige Abhandlung von Einrichtung eines deutschen Wörterbuchs darin. Nicht zu gedenken eines Manuscripts aus der hiesigen Bibliothek, das ich in Dresden collationiren wollen. Denn wenn ich an das denke, möchte ich vollends aus der Haut fahren.«[75] Bruder Karl hat, aus welchen Gründen auch immer, den Freunden Lessings von dieser einzigen authentischen Information über die Kiste und ihren Inhalt offenbar nichts gesagt. Diese Unterlassung führte zu einer wilden Spekulation, in der es insbesondere um ein angeblich in der Kiste aufbewahrtes, unvollendetes »Faust«-Manuskript ging. Dieses Manuskript hat es nach vielfältigen Zeugnissen gegeben. Aber wie weit der Entwurf gediehen war und ob er sich in der Kiste befand, wie allgemein angenommen wurde, bleibt unklar. Lessing erwähnt den Faust in seiner Klage um die mit der Kiste verloren gegangenen Manuskripte jedenfalls nicht. Der Faust kann auch anders verloren gegangen sein, denn Lessing berichtete hin und wieder durchaus selbstironisch über seine Vergesslichkeit, seine Zettelwirtschaft und das Chaos auf seinem Schreibtisch. In seinem Nachlass fand sich folgende Selbstbeschreibung: »Ich weiß nicht, wo die Blätter meiner ehemaligen Sammlungen hingekommen. Mir geht es mit allen meinen Kollectaneis, wie der Virgilianischen Sibylle. Ich schreibe dergleichen Dinge meistens auf einzelne Blätter, die ich dann wohl hinlege und ordentlich aufzunehmen denke; aber weht auch nur der kleinste Wind darunter, und treibt er sie einmal auseinander: *Nunquam deinde cavo volitantia prendere saxo – Nec revocare situs, aut jungere carmina curo.*«[76] [Niemals lassen sich im hohlen Raume keck herumtreibende Steine wieder ergreifen und sinnvoll aneinanderreihen. Sinngemäße Übersetzung M.K.]

Den ersten Hinweis auf die Kiste gab der mit Lessing befreundete Schriftsteller Johann Anton Leisewitz aus Braunschweig, der wenige Tage nach Lessings Tod an Georg Christoph Lichtenberg schrieb: »Besonders muß sich jetzt ein Umstand aufklären, der für das Publikum äußerst interessant ist. Vor einigen Jahren wurde Lessingen in Leipzig ein Kasten mit Handschriften entwandt oder durch Nachlässigkeit verloren; in diesem Kasten befanden sich, nur, soviel ich weiß, ein Schauspiel, die Matrone von Ephesus, eine Abhandlung über die beste Einrichtung eines deutschen Wörterbuches, der Buchstabe A zu einem deutschen Wörterbuche, eine Literaturgeschichte der Äsopischen Fabel. Lessing behauptete nun zwar immer, daß er keine Abschriften von diesen verlorenen Schriften mehr hätte. Allein viele seiner Freunde, die seine Abneigung, zweimal an die selbe Sache zu gehen, kannten, haben immer an diesem Vorgeben gezweifelt, und ich weiß jemand, der noch nach dieser Zeit eine Abschrift der Matrone von Ephesus bei ihm gesehen haben will. [Die »Matrone« ist tatsächlich in Lessings Nachlass gefunden und von seinem Bruder veröffentlicht worden, M.K.] Diese Abneigung, von der ich eben redete, ging so weit, daß er zuweilen etwas liegen ließ, wenn schon ein Teil davon gedruckt war.«[77] Leisewitz, der seine Informationen über den Inhalt der Kiste nur von Lessing selbst haben konnte, sagt nichts über ein Faust-Fragment, auf das sich alle nachfolgenden Spekulationen über den Verbleib der Kiste konzentrieren.

Ein Brief Mendelssohns vom 19. November 1755 belegt, das Lessing schon früh an einer Dramatisierung der uralten Legende vom »Doktor Faustus« arbeitete: »Wo sind Sie, liebster Lessing! Mit ihrem bürgerlichen Trauerspiele? Ich möchte es nicht gern bey dem Namen nennen, denn ich zweifle, ob Sie ihm den Namen Faust lassen werden. Eine einzige Exclamation, o Faustus! Faustus! Könnte das ganze Parterre lachen machen. [...] Ich will alsdenn das Vergnügen haben, selbst mit dem Leipziger Parterre zu lachen, und Sie bei jedem Gelächter sich entflammen sehen«.[78] Karl Goedeke berichtete 1867, Lessing habe seinen Freund Gleim im Sommer 1758 »scherzweise« eingeladen, »eilig nach Berlin zu kommen, um seinen Doktor Faust zu sehen, den er dort ehestens spielen lassen wolle«. Goedeke weiß auch von einem Brief Lessings an den Bruder Karl aus dem September 1767, in dem er mitgeteilt habe, »daß er aus allen Kräften an seinem Faust arbeite, da er Willens sei, ihn dort im nächsten Winter spielen zu lassen«. In diesem Zusammenhang wird Lessings Kiste auch von Goedeke erwähnt: »Die Handschrift soll während seiner italienischen Reise mit einer Kiste verloren gegangen sein, die wenigstens eine Menge ihm unersetzlicher Dinge enthielt«.[79] Im 17. der »Briefe die neueste Litteratur betreffend«, platzierte Lessing einen verklausulierten Hinweis auf seinen Faust: »Und wie verliebt war Deutschland, und ist es zum Teil noch, in seinen *Doctor Faust!* Einer von meinen Freunden verwahret einen alten Entwurf dieses Trauerspiels, und er hat mir einen Auftritt daraus mitgeteilt, in welchem gewiss ungemein viel grosses liegt. Sind Sie begierig ihn zu lesen? Hier ist er! [...] Was sagen Sie zu dieser Scene? Sie wünschen ein deutsches Stück, das lauter solche Scenen hätte? Ich auch!«[80] Lessings Bruder Karl glaubte aus einer Bemerkung eines Zeitzeugen aus

Gotthold Ephraims Breslauer Jahren schließen zu können, dass er dort an »seinem Faust« weitergearbeitet hatte. Der Gewährsmann habe ihm versichert, »zwölf Bogen dieses Trauerspiels im Manuskripte selbst durchgelesen zu haben«.[81] Da sich im Nachlass außer der in den »Literaturbriefen« veröffentlichten Szene keine weiteren Faust-Fragmente befanden, versuchte er durch Nachfragen bei Lessings Freunden der letzten Lebensjahre etwas darüber zu erfahren. Ein Hauptmann von Blankenburg schreibt ihm: »Daß Leßing vor vielen Jahren schon an einem Faust gearbeitet hatte, wissen wir aus den Litteraturbriefen. Aber, so viel mir bekannt ist, unternahm er die Umarbeitung – vielleicht auch nur die Vollendung – seiner Arbeit zu einer Zeit, wo aus allen Zipfeln Deutschlands Fauste angekündigt waren, und sein Werk war, meines Wissens fertig. Man hat mir mit Gewißheit erzählt, daß er, um es herauszugeben, nur auf die Erscheinung der übrigen Fauste gewartet habe. – Er hatte es bey sich, da er von Wolfenbüttel eine Reise nach Dresden machte; hier übergab er es in einem Kästchen, in welchem noch mehrere Papiere und andere Sachen waren, einem Fuhrmann, der dieses Kästchen einem seiner Verwandten in Leipzig, dem Kaufmann Hrn. Leßing, einliefern, und dieser sollte es dann weiter nach Wolfenbüttel besorgen. Aber das Kästchen kam nicht; der würdige Mann, an welchen es geschickt werden sollte, erkundigte sich sorgfältig, schrieb selbst deswegen an Leßing u.s.w. Aber das Kästchen blieb aus – und der Himmel weiß, in welche Hände es geraten, oder wo es wohl versteckt ist?« Zu dieser Mitteilung bemerkte Karl Lessing: »Diese Kiste gieng nicht bey dem Herrn Kaufmann Leßing in Leipzig, sondern bey dem Herrn Buchhändler Gebler aus Braunschweig, der sich auf der Leipziger Messe damals befand, verlohren. Er sollte sie nach der Adresse mit nach Braunschweig nehmen, und bis zur Zurückkunft meines Bruders aus Italien bewahren.«[82]

Noch einmal beschäftigte sich das literarische Deutschland mit Lessings Faust. 1877 gab ein Karl Engel in Oldenburg ein Buch mit dem Titel »J o h a n n   F a u s t. Ein allegorisches Drama in fünf Aufzügen. Muthmaßlich nach G. E. Lessings v e r l o r e n e m   Manuscript« heraus. Engel hielt diesen »Faust«, der 1775 anonym in München erschienen war und damals offensichtlich von niemandem ernst genommen wurde, für einen echten Lessing und sorgte damit für große Aufregung in der Literaturscene. Der Philosoph und Literatur-historiker Kuno Fischer (1824–1907), ein bedeutender Lessing-Forscher (Lessing als Reformator der deutschen Literatur, 2 Bde., Berlin 1881) entlarvte diesen Text als eine plumpe Fälschung. In der Monatsschrift »Nord und Süd« (Erster Band 1877, S. 262 ff.) schrieb er unter dem Titel: »Ein literarischer Findling als ›Lessings Faust‹: »Da die Welt diesen Faust nicht wirklich gesehen hat, so ist er nicht wiedererschienen, sondern e r   i s t   d a – ein paar Jahre vor Lessings hundertjähriger Todesfeier! Er war nicht todt, nur todtgeglaubt, bürgerlich todt, im tiefsten Incognito begra-ben, also kein Revenant, sondern ein Verschollener, ein Findling! Wackere Männer haben den Pfad nach der Stelle, wo er lag, aus-gespürt, einer hat sie gefunden. Noch bevor ich das seltsame Phä-nomen näher in Augenschein nehmen konnte, bin ich einigemal von Bekannten mit der Anrede überrascht worden: »›Wissen Sie schon, daß Lessings Faust entdeckt ist?‹«

Nach gründlicher Prüfung schrieb Fischer: »Es ist keine Klei-nigkeit, Lessing, dieses Muster unserer sprachlichen Correctheit, in den Sack zu stecken. Wer wird hinter schwülstigen Phrasen, schlechten Provinzialismen, unlogischen und fehlerhaften Aus-drücken, hinter Wendungen, wie ›vergeß er nicht auf mich‹, ›vergiß nicht auf dich selbst‹, ›er läßt euch über eure Zukunft zittern‹ u.s.f. den ersten Stilisten Deutschlands vermuthen? […] Das Stück ist freilich ein Unicum, es ist in der Faustlitera-tur einzig in seiner Art, es ist der einzige Faust, der *gar keiner* ist, der auch nicht ein Stäubchen von dem hat, was man faustisch nennt.« Den Herausgeber Engel überzieht Fischer mit ätzender

Kritik: »Und ihm konnte beikommen, daß L e s s i n g der Verfasser sei, der muthmaßliche? Daß in diesem Strohsack Lessings zweiter Faust stecke? Und es gibt Zeitschriften, die bei diesem Wechselbalg, den man Lessing unterschieben möchte, Gevatter stehen! Schlimm genug, daß in Deutschland fast ein Jahrhundert nach Lessings Tode eine solche Probe des Ungeschmacks und der Unkritik an den Tag treten kann, für deren Ableger Lessing nicht blos umsonst, sondern gar nicht gelebt hat!« Das Fazit der Prüfung: »Ich habe den Sack geleert bis auf den Grund und nichts gefunden als – Säcke, angefüllt mit Stroh!« Den Grund für den Strohfeuer-Erfolg dieser Fälschung vermutete Fischer in der unkritischen großen Freude »aller Welt« diese »dunkelste Gegend Lessing'scher Dichtung« plötzlich erhellt zu sehen und sich über Lessings verschwundenen Faust nun »genau« unterrichten zu können. Zuerst aber mußte man »den K i s t e n g l a u b e n beschwören«, so Fischer, »der sich in die Sagengeschichte von Lessings Faust völlig eingenistet hat«, und dann »läßt man die Geschichte einer verlorenen und wiedergefundenen Handschrift geschehen, die sich in der Welt schon oft zugetragen« habe.

Fischer hielt Lessings Faust-Manuskripte für immer verloren. Er nahm sogar an, »daß Lessing seine unvollendeten Arbeiten über den Faust *selbst vernichtet* hat, da er sah, daß ihm die Lösung seiner Aufgabe nicht gelingen wollte; er war auf unüberwindliche Schwierigkeiten gestoßen (Goethe hat ganz dieselbe Erfahrung gemacht), das alte Volksschauspiel mit seinem Höllenapparat wollte sich nicht in die Form eines bürgerlichen Trauerspiels auflösen lassen, und wiederum paßte die tragische Anlage des Stückes, die Lessing festhalten mußte, nicht zu der höheren Idee, die er ohne Zweifel der Volkssage gab und als Schluß im Sinn hatte. Er ließ die Arbeit liegen, er war darin stecken geblieben und sie war ihm verleidet, denn das Steckenbleiben war nicht seine Sache«.

Fest steht, dass Lessing sich am 9. Februar 1775 mitsamt seiner Kiste auf den Weg machte. Zunächst reiste er nach Leipzig, wo er bis Ende des Monats bei Freunden blieb. Von dort ging es weiter zu einem zweiwöchigen Aufenthalt nach Berlin und dann nach Dresden. Bevor Lessing am 28. März von dort über Prag nach Wien abreiste, beschloss er, die Kiste mit den Manuskripten, aus welchen Gründen auch immer, nicht weiter mitzunehmen. Wie wir aus Karl Lessings Aufzeichnungen bereits wissen, schickte sein Bruder die Kiste von Dresden zurück nach Leipzig. Dort sollte sie der Buchhändler Gebler aus Braunschweig, der vorhatte im April die Leipziger Buchmesse zu besuchen, bei seiner Rückreise nach Wolfenbüttel mitnehmen. Irgendwo auf diesem Weg, der einige Poststationen hatte, an denen wahrscheinlich die Postillione, die Pferde und die Kutschen gewechselt wurden, ging die Kiste verloren, während Lessing in Wien war. Es dauerte gut ein Jahr, bis Lessing Anfang März 1776 nach Wolfenbüttel zurückkehrte. Während dieses Jahres war er als Reisebegleiter eines jüngeren Sohnes seines Dienstherrn, des Herzogs von Braunschweig, in Italien unterwegs. Von dem Verlust seiner Kiste hatte Lessing unterwegs nichts erfahren und die Chancen, sich selbst erfolgreich um ihr Wiederauffinden kümmern zu können, waren inzwischen dahin. Nicolais 1769 geäußerte Angst, die Kiste mit den Vorarbeiten zu einem deutschen Wörterbuch zu verlieren, hatte 1775 ihre Bestätigung erfahren.

Nicolais Plan zu einem deutschen Wörterbuch

In einer Anmerkung zu seinem Brief an Lessing vom 5. Juni
1769 schreibt Nicolai, Lessing habe seinen Freunden gesagt, in
der Kiste sei der »schon völlig ausgearbeitete Buchstabe A [für
das Wörterbuch]gewesen«. Was Lessing in den Jahren nach dem
Verlust dieser Anfangsarbeit an einem Wörterbuch noch gesammelt habe, sei von dem Philologen Fülleborn aus dem Nachlass
veröffentlicht worden.[83] Diese Sammlung kleinerer philologischer
Arbeiten Lessings wurde später in die im 19. Jahrhundert maß-
gebliche Lessing-Ausgabe von Karl Lachmann (1838–1840)
aufgenommen.

Nicolai teilt in der Anmerkung mit, dass er seinen Freund um
dessen Kollektaneen gebeten habe, weil er »damals selbst einen
Plan zu einem vollständigen deutschen Wörterbuch« entworfen
hatte: »Ich hatte oft mit Moses und auch mit Lessing darüber
gesprochen, der meinen Plan billigte, obgleich seine Kollektaneen
nach einem ganz andern Plan gemacht waren.« Lessing selbst
habe schon im Jahre 1774 »alle Gedanken an ein deutsches Wörterbuch aufgegeben«. In Kurt Wölfels »Chronik von Lessings
Leben« findet sich der Hinweis, dass Lessing im Oktober 1770
mit seinem Freund Ramler die Herausgabe eines deutschen
Wörterbuchs geplant habe, gibt dafür aber keine Fundstelle an.[84]
Nicolai hatte vor, seinen Plan »drucken zu lassen, ihn durch einige
Beispiele zu erläutern, und nachher zu versuchen, ob [er] ihn
könnte ausführen lassen«. Diverse Umstände hinderten ihn um
1770 an der Umsetzung dieser Idee, deren Veröffentlichung er
im Jahr 1794, als er die »Fußnote« schrieb, offenbar immer noch
für zeitgemäß hielt. Diese Fußnote, im Weiteren als »Anmerkung« bezeichnet, soll hier, um die Bedeutung seines Planes

nachvollziehen und angemessen würdigen zu können, vollständig zitiert werden.

»Meine Idee war folgende: Ein Wörterbuch soll nicht dienen, die Sprache zu bestimmen oder sie festzusetzen, wie die Franzosen meinten. Jede Sprache bildet sich durch den Gebrauch, der davon gemacht wird, und verändert sich nothwendig wieder, wenn sich die Begriffe der Nation verändern. In Frankreich und England wird die Sprache der Schriftsteller durch die Konversationssprache in den Hauptstädten ausgebildet. In Deutschland müssen wir einen großen Theil dieses Vortheils entbehren, weil wir keine Hauptstadt haben, weil die deutschen Hauptstädte wechselseitig ihre Sitten und ihre Art zu sprechen fast gar nicht kennen, und weil der größte Theil unsers feinern und vornehmern Publikums sich noch immer nach fremden Sitten formt, unter Begriffen aufwächset, die von fremden Nationen entlehnt sind, und fremde Sprachen spricht. Daher findet man in unsern Lustspielen und Romanen sehr deutlich, wie arm und ungebildet unsere Konversationssprache ist, obwohl unsere Sprache sonst für so reich und gebildet gelten kann. Man merkt es in deutschen Schriften sehr deutlich, daß wir in unserer Literatur mehr eine lesende, als eine sprechende Nation sind. Lessing selbst erkannte, daß sogar unsre dramatischen Stücke mehr gegeben als vorgestellt werden. Da nun unsre vortrefflichsten Schriftsteller selten mit der lebenden Welt umgehen, selten mündlich mit feinen Kennern, die nicht Schriftsteller sind, Gedanken wechseln, oder deren Urtheile hören können: so haben sie sich selbst bilden müssen, und sehr langsam wird das Publikum durch sie gebildet; unser Publikum aber bildet fast gar nichts an den Schriftstellern, und vor dreißig Jahren geschah dies noch weniger. Daher gilt von der deutschen Sprache noch vorzüglicher, daß ein deutsches Wörterbuch ein Register der Wörter seyn muß, welche die Schriftsteller gebraucht haben, nebst der Art, wie sie dieselben gebrauchten.«[85]

Dass Nicolais Kritik am Zustand der deutschen Literatur sich hier sprachlich weitgehend mit der Friedrichs II. deckt, bedeutet nicht, dass sie inhaltlich übereinstimmte. Sehr ähnlich argumentierte auch Jacob Grimm, fast achtzig Jahre nach Nicolai, in den Begründungen für das maßgeblich von ihm konzipierte »Allgemeine Deutsche Wörterbuch«. Während Friedrich II. das Niveau von 1730 kritisierte, bezog sich Nicolais Kritik auf das erheblich gestiegene Niveau von 1775 und Jacob Grimm, der schon auf die Literatur der Aufklärung, des Sturm und Drang, der Klassik und der Romantik zurückblicken konnte, formulierte seine Kritik an der deutschen Sprache und Literatur bezogen auf das um 1850 erreichte Niveau. Doch zurück zu Nicolais Plan, in dem er selbst den Prozesscharakter der Literaturentwicklung in Deutschland betont:

*»Eine noch größere Schwierigkeit bei einem deutschen Wörterbuche entstehet aus einer Vollkommenheit, die unserer Sprache allein eigen ist. Die deutsche Sprache ist unter allen neuern die einzige, (wenn man allenfalls die italiänische einiger Maßen ausnimmt) welche eine eigene poetische Sprache hat. Man denke sich einmal, wie verschieden ein **vollständiges** deutsches Wörterbuch, (wohin auch die eigentlich-poetischen Wörter und der dichterische Gebrauch, der von gewöhnlichen Wörtern gemacht wird, gehören) nach den verschiedenen Epochen seyn müßte, die man der Sprache in diesem Jahrhundert geben kann. Wie verschieden würde ein Wörterbuch, das nach **Wolfs** Zeiten herausgekommen, aber doch eher, als **Klopstocks Messias** erschienen wäre, von einem andern seyn, das nach **Klopstock**, aber **eher** gemacht wäre, als **Wieland** und nach ihm Göthe unserer Sprache in so manchem Betrachte eine neue Wendung und eine vorzüglichere Bildung gaben! Und wie verschieden müßte es wieder seyn, von einem, das seit der Blüthe des Ruhms dieser beiden vortrefflichen Schriftsteller herauskäme!*

*Ich fand also, es sey kein anderes Mittel, zu einem vollständigen und recht brauchbaren deutschen Wörterbuche zu gelangen, als aus allen deutschen Schriftstellern selbst heraus zu ziehen, welche Wörter sie gebraucht, und **in welcher Verbindung** und **zu welchem Zwecke** sie dieselben gebraucht hätten. Zu diesem Behufe wollte ich alle deutschen*

Schriftsteller unter etwa zwanzig arbeitsame, der deutschen Sprache nicht unkundige Leute austheilen, und durch sie die Stellen ausziehen lassen, welche den Gebrauch jedes Wortes zeigten. Ich hatte mir eingebildet, in zehn Jahren könnte wohl die Sammlung fertig seyn. Wenn dieser ungeheure Vorrat, **multorum camelorum onus**, dann nach alphabetischer Ordnung geordnet wäre, so müßte ein Mann von geprüften Kenntnissen das eigentliche Wörterbuch daraus verfertigen. Ich wußte, als ich in den sechziger Jahren diese Idee hatte, noch nichts von Johnsons engländischen Wörterbuche. Dieser hat es beynahe nach dem selben Plane ausgeführt, und mit bewundrungswürdigem Fleiße **allein** ausgeführt, was ich durch zwanzig und mehr Menschen ausführen wollte. Aber die deutsche Sprache ist auch wenigsten viermal reicher und mannigfaltger, im Guten und im Fehlerhaften, als die engländische. Und da die deutsche Sprache eine der europäischen Hauptsprachen ist, nicht so wie die engländische eine abgeleitete; so kann ein deutsches Wörterbuch, so wie ich es mir vorstelle, noch lehrreicher gemacht werden, als Johnsons Buch, würde aber auch unendlich mehr Schwierigkeiten haben. Daß mit diesem geordneten Vorrathe ein viel vollkommeneres Wörterbuch entstehen könnte, als alle bisherigen, davon bin ich noch überzeugt; ob ich gleich ihren großen Werth erkenne, und mich freue, daß wir besonders das vortreffliche Adelungsche haben.

Ich würde zum Behufe des Wörterbuchs die deutschen Schriftsteller in vier Klassen theilen:

1 Klassische Schriftsteller: z. B. **Klopstock, Wieland,** u.s.w. Aus diesen müßte jedes Wort ausgezogen werden. Gesetzt, ein solcher Schriftsteller hätte ein neues Wort auch nur einmal gebraucht; gesetzt, er hätte es auf eine Art gebraucht, die man nicht rathen könnte nachzuahmen: so wird ein solcher Schriftsteller nicht leicht ein neues Wort gemacht, oder ein bekanntes auf eine ungewöhnliche Art gebraucht haben, ohne irgend einen guten Grund. Die Untersuchung dessen, gesetzt auch, der Gebrauch wäre einmal fehlerhaft gewesen, müßte bei solchen Schriftstellern immer lehrreich seyn.

2 Gute Schriftsteller. Deren hat unsere Sprache viele, und zum Theil sehr vortreffliche, ob ich sie gleich nicht zu den klassischen rechnen möchte. Die Bestimmung, wer ein klassischer Schriftsteller zu nennen sey, hat überhaupt allerdings große Schwierigkeiten. Nach der Lage und der allmählichen Bildung unserer Sprache, würde ich diejenigen in Absicht auf unsere Sprache als klassische Schriftsteller nehmen, durch welche unsere Sprache irgend eine Art von Bildung erhielt. So wäre ich zum Beyspiel geneigt, **Sturz** unter die klassischen Schriftsteller zu setzen, aus dem ich in meinem Wörterbuch jedes Wort würde ausziehen, und die Art bestimmen lassen, wie er es gebraucht hätte; ungeachtet wir **gute** Schriftsteller haben, denen er an Werth weit nachzusetzen ist, wenn man auf den ganzen schriftstellerischen Charakter sieht. Aber Sturz war einer der ersten Schriftsteller, der nicht als ein Gelehrter schrieb, sondern als ein Weltmann, der die große Welt gesehen und fein beobachtet hatte. Daher liegt für unsere so arme Konversationssprache mancher Schatz in Sturzens Schriften, den unsere Lustspiel- und Romanschreiber nicht vernachlässigen würden, wenn sie den Werth von Sturzens Schriften erkennten, und glaubten studieren zu müssen ehe sie schreiben. Aus den **guten** Schriftstellern würde ich nichts anders ausziehen lassen, als was richtig oder lehrreich wäre. Doch gibt es gute Schriftsteller, die nicht allemal korrekt sind, z. B. **Gellert, Zachariä etc.** Hier müßten die kleinen Fehler solcher Schriftsteller angeführt werden, damit man sie nicht nachahme.

3 Gemeine und schlechte Schriftsteller. Sie sind Legion! Aus diesen würde weniger ausgezogen. Indessen findet sich bey ihnen manches Lehrreiche für die Sprache. Es würde mich zu weit führen, hier auseinander zu setzen, wie, meiner Meinung nach, diese Schriftsteller für das Wörterbuch zu brauchen wären.

4 Alte Schriftsteller. Sie sind von sehr mancherley Art, und würden genaue Unterabtheilungen erfordern. Ich rechne zu den **alten** Schriftstellern alle, die vor Wolf geschrieben haben. Denn durch dessen Philosophie und durch die darauf gebaute veränderte Theologie, ward unsere Prosa zuerst, obgleich freylich sehr einseitig, umgebildet.

Unsere Poesie war damals, besonders in Absicht auf die poetische Sprache betrachtet, nicht vielmehr als Prosa. Eigentlich würden in meinem Wörterbuche **Hagedorn** *und* **Haller** *als die ersten Dichter gelten, die zu den* **neuern** *gehören.*

Noch muß ich hinzufügen, daß ich mein Wörterbuch **nach den Stammwörtern oder Primitivwörtern** *ordnen würde. Es scheint mir, andere Vortheile ungerechnet, daß man auf keine andere Art die der deutschen Sprache so eigenen Verbindungen und Zusammensetzungen, sowohl die erlaubten als die unerlaubten, zweckmäßig werde übersehen können. Am Ende würde allenfalls durch ein alphabetisches* **Register** *für die Bequemlichkeit des Nachschlagens gesorgt werden können.«*[86]

Anschließend teilt Nicolai mit, wie er seinen Plan umzusetzen gedachte: *»Als ich den Brief an Lessing schrieb* [den Brief vom 5. Juni 1769, M. K.] *hatte ich schon angefangen, eine Sammlung deutscher Schriftsteller zum Behufe des Wörterbuchs zu machen, die ich auch noch besitze, obgleich an der Vollständigkeit viel fehlet. In den siebziger Jahren fing ich an, den Plan auszuarbeiten, wovon obiges die Außenlinien sind. Ich wollte die deutschen Schriftsteller nach meinem Zwecke klassifizieren, und Beyspiele von einigen Wörtern hinzufügen, wie ich glaubte, daß ungefähr die Behandlungsart seyn müßte. Dann wollte ich ein paar Jahre die Stimmen der Kenner abwarten, in wiefern mein Plan bleiben, und in wiefern er verbessert werden könnte; alsdann aber eine Anzahl fleißiger Hände suchen, welche alle deutschen Schriftsteller nach dem vorgeschriebenen Plane auszögen, und es darauf ankommen lassen, ob sich nach zehn Jahren ein Kopf fände, der ihren Vorrath verarbeiten könnte.«*[87] In der Anmerkung berichtet Nicolai, dass er 1769 Lessing um dessen Kollektaneen gebeten habe, weil er selbst angefangen hatte, »eine Sammlung deutscher Schriftsteller zum Behufe des Wörterbuchs zu machen, die ich auch noch besitze [...].«[88] Diverse Umstände hinderten Nicolai aber daran, das Vorhaben zu realisieren. Seine Unterstützung Lessings in dessen Auseinandersetzungen mit dem Gegner Klotz, die in den im Nicolai Verlag erscheinenden

»Blättern antiquarischen Inhalts« (1768/69) geführt wurde, hatten ihn »ermüdet« und ihm »ungemein viel edle Zeit« geraubt. »Auch waren die Zeiten […] eben keine Aufmunterung, eine sehr große Unternehmung, die unbeschreiblich viel Mühe, Sorgen und Kosten erfordert haben würde, für ein Publikum zu wagen, das so wenig zu unterscheiden wußte, was gut und was schlecht war. Dazu kam die fortdauernde unsägliche Arbeit, um die Allgemeine deutsche Bibliothek zu erhalten, und sie in allen ihren vielen Theilen zu mehrerer Vollkommenheit zu bringen. […] Ich entsagte also diesem Plane, so wie so manchem andern, wozu ich Kraft und Talent bey mir fühlte.«[89] Der Verzicht auf das deutsche Wörterbuch schmerzte Nicolai. Seinen in der Anmerkung skizzierten Plan zu einem deutschen Wörterbuch, das er nach wie vor für ein wichtiges Instrument zur »Hebung« der deutschen Sprache hielt, betrachtete er wie ein Vermächtnis an die nach ihm Kommenden: »Ich mache hier die Hauptidee meines entworfenen Wörterbuchs bekannt; vielleicht kann sie jemand nutzen.«[90]

Kannten Jacob und Wilhelm Grimm den Plan Nicolais?

Wenn sein Plan von jemandem genutzt wurde, dann von Jacob und Wilhelm Grimm. Sie veröffentlichten den ersten Band ihres »Allgemeinen Deutschen Wörterbuches« (DWB) 1854. Seit der Arbeit Nicolais an »seinem« Wörterbuch bis zum Beginn der Arbeit der Brüder Grimm an ihrem Wörterbuch waren fast achtzig Jahre vergangen. Nach der Vertreibung der Grimms aus Göttingen wegen ihrer Beteiligung am Protest der »Göttinger Sieben«, konnten der Leipziger Altphilologe Moritz Haupt und der Berliner Buchhändler Georg Andreas Reimer die Brüder 1838 für das von ihnen geplante Projekt eines solchen Wörterbuches gewinnen. Nach ihrer Berufung an die Berliner Universität im Jahre 1840 erarbeiteten Jacob und Wilhelm Grimm ihren Plan, den Wilhelm dann im September 1846 auf einer Germanistenversammlung in Frankfurt/Main in den Grundzügen vorstellte.

1840 war der letzte Band der Lachmannschen Ausgabe von »Lessings sämmtlichen Schriften« als Supplementband mit einer Sammlung von »Briefen an Lessing« erschienen, in dem auch Nicolais Brief vom 5. Juni 1769 nebst der Anmerkung mit Nicolais Wörterbuch-Plan abgedruckt ist. Man darf vermuten, dass zumindest Jacob Grimm, der die Hauptverantwortung für das Projekt übernommen hatte, in dieser von seinem Freund Lachmann edierten Lessing-Ausgabe Nicolais Entwurf gelesen hatte. Dafür spricht, dass die Grimms mit Lachmann schon in den 1820er-Jahren einen regen Briefverkehr hatten. Nachdem die Grimms, sicher nicht ohne Zutun Lachmanns, der der führende Germanist an der Berliner Universität und mehrfach ihr Rektor war, vom preußischen König nach Berlin berufen und Mitglieder in der Akademie der Wissenschaften wurden, zu der auch Lachmann gehörte, gab es zwischen den Freunden einen sehr engen Kontakt. Der Junggeselle Lachmann genoss die familiäre Atmosphäre im »Grimm'schen Hause« und war dort ein gern gesehener Gast.[91] Während der Arbeit Lachmanns an der Lessing-Ausgabe standen die Grimms also mit ihm in enger freundschaftlicher und fachlicher Verbindung. Der Briefwechsel der Grimms mit Lachmann[92] zeigt, dass dieser schon 1838 aktiv an der Ausarbeitung des Plans zum Wörterbuch beteiligt war. In einem langen Brief vom August 1838 legte Jacob Grimm seinem Freund Lachmann eine Reihe von grundsätzlichen Fragen zur Funktion und Gestaltung des Wörterbuchs vor, u. a. zur historischen Eingrenzung des zu berücksichtigenden Zeitraums der Sprachentwicklung, zur terminologischen Auswahl, z. B. »technologische wörter, die nur der handwerker, kein schriftsteller kennt«, die auch ausführlich beantwortet wurden.

Die engen persönlichen und fachlichen Verbindungen zwischen Lachmann, den Grimms und Moritz Haupt lassen vermuten, dass Haupt und Reimer u. a. durch Nicolais von Lachmann publizierten Ideen zu ihrem Vorschlag an die Grimms angeregt wurden. Dafür spricht auch der Hinweis auf Lachmanns Lessing-

Brüder Grimm

Ausgabe in dem Quellenverzeichnis, das Jacob Grimm dem ersten Band des deutschen Wörterbuches (DWB) vorangestellt hat. In dieses Verzeichnis hat er alle Werke *der* deutschen Schriftsteller aufgenommen, die er als Quellen für die Suche nach »guten« neuhochdeutschen Wörtern – genau wie Nicolai es vorgehabt und schon begonnen hatte – herangezogen hat. Die Grimms stellten

Lessing, neben Goethe, über alle »neueren Schriftsteller der zweiten Hälfte des 18. Jahrhunderts«[93], wie Joachim Dückert belegt. Umso erstaunlicher ist es, dass Jacob Grimm Lessings interessante Ideen und Vorarbeiten zu einem »Allgemeinen Deutschen Wörterbuch«, die Lachmann im 11. Band seiner Lessing-Ausgabe publiziert hatte, in der »Vorrede« zum DWB nicht erwähnt, in der er akribisch dessen Entstehungsgeschichte beschreibt. In der »Vorrede« ist auch ein Abriss der Geschichte deutscher Wörterbücher enthalten, in dem Lessing eigentlich nicht hätte fehlen dürfen. Es ist unwahrscheinlich, dass die für ihre sorgfältige philologische Arbeit berühmten Brüder den 11. Band der Lachmann-Ausgabe nicht gelesen haben. Auch auf Nicolais im 13. Band dieser Ausgabe enthaltenen Plan zu einem solchen Wörterbuch gibt es in der »Vorrede« keinen Hinweis. Im Quellenverzeichnis des ersten Bandes des DWB taucht nicht einmal sein Name auf. Vermutlich war Nicolai auch für die Grimms nach dem über ihn von Goethe, Schiller und Fichte verhängten Verdikt, das um 1850 von der Mehrheit der deutschen Literaturwissenschaftler noch nachgebetet wurde, als Quelle für ihre Vorstellungen zum Wörterbuch nicht zitierfähig. Wie dem auch sei – ein Vergleich zeigt, dass die Grimms sich bei der Arbeit an ihrem Wörterbuch ähnlicher bis identischer inhaltlicher und methodischer Leitlinien bedient haben, wie Nicolai sie in seinem Plan entworfen hatte.

Kleiner Exkurs über die »Sprachreiniger«

Wie die meisten an der Emanzipation des Bürgertums arbeitenden Schriftsteller kritisierten auch Lessing und Nicolai und nach ihnen die Grimms das »Französieren« an den Fürstenhöfen, dem sich die »vornehme Gesellschaft« des 18. Jahrhunderts angepasst hatte. In der ersten Hälfte des 19. Jahrhunderts hatte diese »(Un)

Sitte« zwar deutlich abgenommen, sie war für die deutsch und national gesinnten Germanisten, wie den Grimms, aber immer noch ein Grund zur Aufregung.

Die Bemühungen zur »Reinigung« bzw. »Reinerhaltung« der deutschen Sprache begannen allerdings schon in der langen Phase des Übergangs vom Spätmittelalter zur frühen Neuzeit (etwa von 1450 bis 1520). Zu Luthers und Huttens Zeiten wurde gegen die Dominanz des Lateinischen – gegen alles »Welsche« überhaupt – gekämpft. Im 18. Jahrhundert verlagerte sich der Schwerpunkt der »Sprachreiniger« dann auf die aktive Ablehnung des Gebrauchs der französischen Sprache an den Höfen, vor allem aber in den Kanzleien, der Literatur, den Schulen und Universitäten. In dem »Vorbericht zur Sprache des Logau«, dem Lessing sein Glossar »guter alter Wörter« aus den Gedichten dieses Barocklyrikers angehängt hatte, schreibt er: »Der Sprachmengerey, die zu seiner Zeit schon stark eingerissen war, und die er nicht zu unrecht von den vielen fremden Völkern, welche der Krieg damals auf deutschen Boden brachte, herleitet, machte er sich nicht schuldig; und was er mit einem deutschen Wort ausdrücken konnte, das drückte er mit keinem lateinischen und französischen aus, welche letztere Sprache auch seine Zeitverwandten bereits für unentbehrlich hielten.« Als Beleg für Logaus Kritik der »Sprachmengerey« zitiert Lessing dessen Sinngedicht 257: *»Die Musen wirkten zwar durch kluge Dichtersinnen / Daß Deutschland sollte Deutsch, und artig reden können / Mars aber schafft es ab, und hat es so geschickt / Daß Deutschland ist blutarm, darum geht es so geflickt«.* Und dazu noch das Sinngedicht: *»Wer nicht Französisch kann / Ist kein gerühmter Mann«.*[94]

Fast alle Planer und Verfasser von Wörterbüchern wollten mit diesen einen Beitrag zur »Hebung« der deutschen Sprache leisten. Freilich wies das Spektrum dieser »Sprach-Bewegung« viele Akzentuierungen auf, die jeweils Ausdruck unterschiedlicher politischer Vorstellungen über den Charakter und die Verfassung eines deutschen Nationalstaates waren, für dessen Erschaffung sich die meisten Sprachreiniger einsetzten.

Die ersten Ansätze auf dem langen Weg zu einem neuhochdeutschen Wörterbuch bildeten in der zweiten Hälfte des 15. Jahrhunderts die alphabetisch angelegten lateinisch-deutschen Wörterverzeichnisse, die lateinischen Sprachlehrbüchern angehängt waren und u. a. als »Glossarium latino-germanicum« bezeichnet wurden. 1482 erschien in Nürnberg, einem der Zentren der frühen Druckereien, als eigenständiges deutsches Wörterbuch K. Zeningers »Vocabularus theutonicus«. Bis zum Beginn des Dreißigjährigen Krieges folgten noch eine Reihe ähnlicher Werke. Als erstes eigentliches neuhochdeutsches Wörterbuch kann das Reimwörterbuch »Novum dictionarii genus« von Erasmus Alberus (Frankfurt/Main 1540) angesehen werden. Der erste Versuch zur Erstellung eines vollständigen neuhochdeutschen Wörterbuches wurde von Georg Henisch um 1600 unternommen. Jacob Grimm bemerkt zu Henisch in der »Vorrede« zum DWB, »dasz mindestens noch zwei ähnliche Bände hätten hinzu kommen müssen, deren erscheinen ohne zweifel der ausbruch des dreißigjährigen kriegs hinderte.«[95] Nach dem Dreißigjährigen Krieg mit seinen die Sprache »verwildernden« Wirkungen setzten sich die »Sprachgesellschaften« des späten 17. Jahrhunderts für die »Reinigung« des Deutschen und die Entwicklung einer deutschen »Hauptsprache« ein. Große Bedeutung erlangten die »Fruchtbringende Gesellschaft«, wegen ihres Emblems auch »Palmenorden« genannt und der »Pegnesische Blumenorden.« Die in Leipzig 1697 gegründete »Deutsche Gesellschaft« führte sogar den Beinamen »deutschübende poetische Gesellschaft«. Den »Pegnesischen Blumenorden« gibt es immer noch als »Neue Fruchtbringende Gesellschaft zu Köthen/Anhalt – Vereinigung zur Pflege der deutschen Sprache«. Aus den Sprachreinigern sind jetzt also Sprachpfleger geworden.

Die unterschiedlichen historischen Kontexte
Friedrich Nicolais und der Brüder Grimm

Die Grimms begannen mit ihrer Arbeit am deutschen Wörterbuch im Jahr 1838. Im Unterschied zu Nicolai arbeiteten sie daran bis zu ihrem Lebensende (Wilhelm starb 1859, Jacob 1863) und nahmen bis zuletzt Anregungen aus den Werken ihrer Zeitgenossen auf. Sowohl die Gebrüder Grimm als auch Nicolai wurden über siebzig Jahre alt. Während Nicolai sich »nur« etwa zwanzig Jahre seiner Lebenszeit (1755–1775, er verstarb 1811) eher nebenher mit dem Wörterbuchprojekt beschäftigen konnte, verbrachten die Grimms an die vierzig Jahre damit, von denen über zwanzig, jedenfalls bei Jacob, hauptsächlich der Arbeit am »Deutsche Wörterbuch« gewidmet waren. Zwischen Nicolais ersten Diskussionen über die Notwendigkeit eines solchen Wörterbuches, Lessings ersten Arbeiten dazu und den ersten Überlegungen der Grimms zu ihrem Vorhaben lagen fast achtzig Jahre.

In dieser langen Zeit hatte sich die Welt, zumal die europäische und mit ihr die berlinisch/preußische, sehr stark verändert. Nicolais beste Zeit war die der Frühaufklärung in der Mitte des 18. Jahrhunderts und die der Grimms reichte vom sogenannten Vormärz über die bürgerliche Revolution von 1848 bis hin zum Beginn der Bestrebungen Friedrich Wilhelms IV. und Bismarcks um eine Vormachtstellung Preußens in dem damaligen Sammelsurium sogenannter Deutscher Staaten. Dazwischen lagen die in Europa alles umwälzende Französische Revolution und die Napoleonischen Kriege. Die nach den Befreiungskriegen gegen den Willen des Volkes von der Heiligen Allianz durchgesetzte Restauration zementierte die Zersplitterung Deutschlands für weitere Jahrzehnte. Die großen Hoffnungen der allermeisten an einer allgemeinen deutschen Hauptsprache Arbeitenden, einer »Deutschen Nationalsprache« und eines »Vaterlands deutscher

Zunge« von der »Maas bis an die Memel« und von der »Etsch bis an den Belt«, wie es der lange Zeit mit den Grimms befreundete Hoffmann von Fallersleben gesungen hatte, war gründlich enttäuscht worden. Niemand hat diese Hoffnungen und Enttäuschungen besser auf den Punkt gebracht als Jacob Grimm: »In unsern Tagen, und wer frohlockte nicht darüber? Wird lebhaft gefühlt, daß alle übrigen Güter schal seien, wenn ihnen nicht die Freiheit und Größe des Vaterlands im Hintergrund liege. Was aber helfen die edelsten Rechte dem, der sie nicht handhaben kann? Kaum ein anderes höheres Recht geben mag es als das, kraft welches wir Deutsche sind, als die uns angeerbte Sprache, in deren volle Gewähr und reichen Schmuck wir erst eingesetzt werden, so bald wir sie erforschen, reinhalten und ausbilden. Zur schmählichen Fessel gereicht es ihr, wenn sie ihre eigensten und besten Wörter hintan setzt und nicht wieder abzustreifen sucht, was ihr pedantische Barbarei aufbürdete; man klagt über die fremden Ausdrücke, deren Einmengen unsere Sprache schändet; dann werden sie wie Flocken zerstieben, wann Deutschland, sich selbst erkennend, stolz alles großen Heils bewußt sein wird, daß ihm aus seiner Sprache hervorgeht. Wie es sich mit dieser Sprache im Guten und Schlimmen bisher angelassen habe, ihr wohnt noch frische und frohe Aussicht bei, daß ihre letzten Geschicke lange noch unerfüllt sind und unter den übrigen Mitbewerbern wir auch eine Braut davon tragen sollen. Dann werden neue Wellen über alte Schaden strömen«.[96] 1846 sagte Jacob Grimm auf dem Frankfurter Germanistentag, dessen Präsident er war, unter dem Beifall der dort versammelten Experten für die deutsche Sprache: »Was ist ein Volk? – Ein Volk ist der Inbegriff von Menschen, welche dieselbe Sprache reden. Das ist für uns Deutsche die unschuldigste und zugleich stolzeste Erklärung, weil sie mit einmal über das Gitter hinwegspringen, und jetzt schon den Blick auf eine näher oder ferner liegende, aber ich darf wohl sagen einmal unausbleiblich heranrückende Zukunft lenken wird, wo alle

Schranken fallen und das natürliche Gesetz anerkannt werden wird, daß nicht Flüsse, nicht Berge Völkerscheide bilden, sondern daß einem Volk, das über Berge und Ströme gedrungen ist, seine eigene Sprache allein die Grenze setzen kann«.[97] In dieser im Vormärz gehaltenen Rede, deren Motivation angesichts der beklagenswerten deutschen Verhältnisse zwar nachvollziehbar ist, steckt aber schon jener »völkische« Sprach-Chauvinismus, der nach der Gründung des »Deutschen Kaiserreichs« 1871 dominant wurde. 1935, als der deutschnationale Will Erich Peukert seine Grimm-Edition unter dem bezeichnenden Titel »Ewiges Deutschland« herausgab, hatte er seinen historischen Höhepunkt erreicht, von dem aus er begann, die deutsche Sprache zu einem Instrument des Hasses und der Rassenideologie zu machen und sie damit auf ihren historisch tiefsten Punkt brachte. »Ja, wo sind die Lieder, unsre alten Lieder? / Tot sind unsre Lieder, unsre alten Lieder. / Lehrer haben sie zerbissen, / Kurzbehoste sie verklampft, / braune Horden totgeschrien, Stiefel in den Dreck gestampft«, sang Franz Josef Degenhardt 1968.[98] Für die Grimms war das »deutsche Liedgut«, vor allem die von ihren Freunden Achim von Armin und Clemens Brentano herausgegebene Sammlung »Des Knaben Wunderhorn«, eine Wortquelle, aus der sie sich noch ganz naiv bedienen konnten.

Nicolai, Lessing und Mendelssohn diskutierten über ein »Allgemeines Deutsches Wörterbuch«, als in Berlin der absolutistisch regierende und philosophisch der französischen Aufklärung anhängende preußische König auf dem Höhepunkt seiner Macht war. Die Grimms begannen mit ihrer Arbeit in der Zeit der Restauration und veröffentlichten den ersten Band ihres Wörterbuches nach dem Scheitern der bürgerlichen Revolution von 1848, die ihr königlicher Mäzen, Friedrich Wilhelm IV. von Preußen, in Berlin hatte blutig niederwalzen lassen.

Es ist bemerkenswert, dass die in so verschiedenen politischen und gesellschaftlichen Kontexten erarbeiteten Leitlinien für ein deutsches Wörterbuch in vielen Punkten weitgehend übereinstimmten. Das lag vor allem an der über die Zeiten ungebrochen fortdauernden Überzeugung, dass die Schaffung einer deutschen Hauptsprache eine wichtige Voraussetzung wäre für die ersehnte politische Vereinigung aller Deutschen in einem mächtigen Nationalstaat. Diese Überzeugung bedurfte einer Historisierung der Sprache, darin waren sich Nicolai und die Grimms absolut einig. An dieser gemeinsamen Grundauffassung liegt es, dass die Übereinstimmungen in den Konzepten für ein deutsches Wörterbuch deutlich größer sind als die Unterschiede.

Vergleichende Darstellung der Leitlinien und Methoden der Brüder Grimm und Friedrich Nicolais für die Erarbeitung eines deutschen Wörterbuchs

Nicolai und die Grimms waren der Auffassung, dass ein deutsches Wörterbuch *allgemein* und *historisch* sein müsse. Das Wörterbuch sollte *allen Deutschen* dienen. In den in ihm versammelten Wörtern sollte sich gleichsam wie in einem Spiegel der geschichtliche Prozess der Sprachentwicklung bis auf die Gegenwart abbilden. Diese dynamische Auffassung unterschied sich grundlegend von der statischen, der die meisten Wörterbuchautoren vor den Grimms anhingen, die in ihren Werken den Istzustand der Sprache der jeweiligen Zeit abbildeten und sie damit festsetzten. Nicolai sagt dazu: »Ein Wörterbuch soll nicht dienen, die Sprache zu bestimmen oder sie festzusetzen, wie die Franzosen meinten. Jede Sprache bildet sich durch den Gebrauch, der davon gemacht wird, und verändert sich nothwendig wieder, wenn sich die Begriffe der Nation verändern.« Jacob Grimm spottete über den Geschichtsverlust der pedantischen Grammatiker seiner Zeit:

»In der Sprache aber heißt pedantisch, sich wie ein Schulmeister auf die gelehrte, wie ein Schulknabe auf die gelernte Regel alles einbilden und vor lauter Bäumen den Wald nicht sehn.«[99]

Das allgemeine und historische Wörterbuch *musste* ein *neuhochdeutsches* sein. Es sollte den regionalen Mundarten ihr historisch gewachsenes Eigenleben lassen, das sich in diversen Mundart-Wörterbüchern widerspiegelte, besonders »sprachmächtige« Wörter aus den Mundarten übernehmen, aber in entschiedener Unabhängigkeit den die Mundarten übergreifenden Kanon, den »Wortschatz« einer hochdeutschen Muttersprache in sich versammeln.

Ein »Allgemeines Deutsches Wörterbuch« hatte Lessing, wie oben zitiert, schon 1759 in der Vorrede zur Logau-Ausgabe vorgeschlagen. In Nicolais Kritik an der Lebens- und Alltagsferne der deutschen Schriftsteller seiner Zeit, an ihrer Selbstisolierung vom »Publikum«, an der nicht stattfindenden gegenseitigen »Bildung« zwischen dem die Alltagssprache sprechenden Volk und den eine »papierne Sprache« schreibenden meisten Schriftstellern, kommt seine Forderung nach einem *allgemeinen* Wörterbuch im Sinne Lessings zum Ausdruck. Es geht Nicolai nicht um eine Gelehrtensprache, sondern um eine gebildete Konversationssprache, für die das Wörterbuch die Grundlage schaffen sollte, und genau das wollten die Grimms mit ihrem deutschen Wörterbuch, fast ein Jahrhundert später, auch erreichen.

Die Festlegung auf ein neuhochdeutsches Wörterbuch bedeutete, dass für den zu hebenden Wortschatz die Sprachentwicklung von der frühneuhochdeutschen Literaturepoche an erforscht werden musste. Auch darin bestand zwischen Nicolai und den Grimms Übereinstimmung. Nicolai wollte für die Sucharbeit die Werke »alter Schriftsteller« heranziehen, zu denen er alle vor den Veröffentlichungen des Philosophen Christian Wolff, dessen Werke etwa ab 1710 erschienen, von deutschen Schriftstellern in deutscher Sprache geschriebenen Bücher zählte. Für die Auswahl brauchte Nicolai Qualitätskriterien, die er in seinem veröffentlichten Plan nur grob skizziert hatte. Die Werke der »alten Schriftsteller«, schreibt er, seien »von sehr mancherley Art und würden genaue Unterabtheilungen erfordern«. Welche das sein sollten, erfahren wir von ihm nicht. Aus verstreuten Aufzeichnungen und Mitteilungen Lessings, Mendelssohns und Nicolais der 1750er-Jahre (Briefe, Berichte von Augenzeugen, literatur- und sprachkritische Veröffentlichungen), lässt sich schließen, dass die Suche in den Schriften des Reformationszeitalters, mit dem Schwerpunkt bei Martin Luther, beginnen sollte. Das war zunächst auch für die Grimms der Ausgangspunkt: »Von Luther bis Goethe« lautete ihre Losung, als sie mit der Ausarbeitung des deutschen Wörterbuchs begannen.

Wie bereits weiter oben beschrieben, plante Nicolai die deutschen Schriftsteller in vier Klassen zu teilen, die von den »Alten Schriftstellern« bis zu den »Klassikern« seiner Gegenwart, von denen Klopstock der Älteste und Goethe der Jüngste war, reichten. Damit war der gesamte Zeitraum umrissen, in dessen Epochen die Worte und ihre Belege für das Wörterbuch gesucht werden sollten. Die Grimms gingen in ihrer Praxis weit über Goethe und seine Zeit hinaus, indem sie die Werke der Schriftsteller der Zeit nach Goethes Tod im Jahre 1832, also die ihrer unmittelbaren »Gegenwart«, auch als Quellen für »gute Wörter« nutzten. Sie erweiterten auf Lachmanns Rat hin den Zeitrahmen über Luther hinaus, bis zu den Anfängen der neuhochdeutschen Literatur nach 1450.

Die Notwendigkeit, in einem historischen Wörterbuch nicht nur Wörter zu sammeln und in eine alphabetische Ordnung zu bringen, sondern auch die Art ihrer Verwendung durch die Schriftsteller für die Nutzer des Wörterbuches nachvollziehbar zu machen, hatte schon Nicolai erkannt und deutlich betont. Für ihn stand fest, »daß ein deutsches Wörterbuch ein Register der Wörter seyn muß, welche die Schriftsteller gebraucht haben, nebst der Art, *wie* sie dieselben gebrauchten«. An einer anderen Stelle der Anmerkung heißt es: »Ich fand also, es sey kein anderes Mittel, zu einem vollständigen und recht brauchbaren deutschen Wörterbuche zu gelangen, als aus allen deutschen Schriftstellern selbst heraus zu ziehen, welche Wörter sie gebraucht, und *in welcher Verbindung und zu welchem Zwecke* sie dieselben gebraucht hätten.« (Hervorhebung im Text, M. K.) Was Nicolai hier in einfachen Worten über die Struktur und die Methode eines deutschen Wörterbuches sagt, war bis dahin noch nie so klar gesagt und begründet worden. Er begründet diese Vorgehensweise nämlich im unmittelbaren Zusammenhang mit seiner Kritik an dem fehlenden Austausch zwischen Schriftstellern und Publikum, der die Chance, durch gute Lektüre zu einer gehobenen Konversationssprache der breiten Bevölkerung zu kommen und auf diesem Wege den »Geschmack« des Publikums zu verbessern, zunichte mache. Für die Umsetzung dieser Idee hätte Nicolai viel Zeit, viel Geld und viele Helfer gebraucht. Vermutlich war für ein solches Vorhaben, abgesehen von Nicolais persönlichen Verhältnissen, die Zeit noch nicht reif. Anders als die Grimms, die vom preußischen König und einem finanzkräftigen Verlagshaus mit den Mitteln für ihr gigantisches Unternehmen ausgestattet wurden und bei der Umsetzung von vielen Prominenten unterstützt wurden, hätte Friedrich Nicolai von »seinem« König, der die deutsche Sprache und Literatur seiner Zeit kaum kannte, keine Unterstützung bekommen und das Risiko als Privatmann tragen müssen.

Dass das deutsche Wörterbuch schließlich ein so gigantisches Projekt wurde – der letzte Band wurde erst 1961, fast hundert Jahre nach Jacob Grimms Tod, fertiggestellt – lag in erster Linie an der konsequenten Umsetzung ihrer Entscheidung, den *Gebrauch* der sogenannten Stammwörter durch die Schriftsteller in ihm abzubilden. Mit der etymologischen Anlage des Wörterbuches konnte dem historischen Bedeutungswandel der Wörter nachgespürt werden, wie es Nicolai in seinem Plan vorgeschlagen hatte. »Etymologie«, schreibt Jacob Grimm in der »Vorrede«, sei »dasz salz und die würze des wörterbuchs, ohne deren zuthat seine speise noch ungeschmack bliebe«.

Ein wichtiger Punkt des Vergleichs zwischen Nicolais Plan und dem Wörterbuch der Grimms sind ihre Auffassungen vom Charakter und den Bedeutungen der Worte. Dass Nicolai und die Grimms keine Gelehrtensprache wollten, wurde schon gesagt. Aber wie sollte die Sprache für »alle Deutschen« aussehen? Nicolai erläutert das an seiner Absicht, die Schriften von Helferich Peter Sturz als Quellen für die Wortauswahl zu benutzen. Der gehöre zwar nicht zu den großen Schriftstellern, aber er sei einer der ersten gewesen, »der nicht als ein Gelehrter schrieb, sondern als ein Weltmann, der die große Welt gesehen und fein beobachtet hatte«, heißt es in den Anmerkungen. Sturz, fast altersgleich mit Nicolai, hatte Rechts- und Staatswissenschaften studiert, war Diplomat im Dienst verschiedener Fürstenhöfe und wurde schließlich der wichtigste Mitarbeiter des mächtigen Ministers am dänischen Königshof in Kopenhagen, des Grafen Johann Hartwig von Bernstorff. Aus Sturz' Schriften wollte Nicolai »jedes Wort ausziehen, und die Art bestimmen lassen, wie er es gebraucht hätte«. Nicolai vermutete »für unsere so arme Konversationssprache manchen Schatz« in Sturz' Texten. Er verschmäht aber auch nicht die »gemeinen und schlechten Schriftsteller«, die auf dem Buchmarkt, und wer sollte das besser wissen als er, »Legion« seien. Auch in solchen Büchern, schreibt er, würde sich »manches Lehrreiche für die Sprache« finden lassen.

Das sahen die Grimms nicht anders. Jacob widmet in seiner Vorrede zum deutschen Wörterbuch den »Anstöszigen Wörtern« einen längeren Abschnitt. Darin wendet er sich engagiert gegen einen moralisierenden Sprachpurismus: »Die sprache überhaupt in eine erhabne, edle, trauliche, niedrige und pöbelhafte zu unterscheiden taugt nicht und ADELUNG [die Grimms schreiben alle Eigennamen in Großbuchstaben, M. K.] hat damit vielen wörtern falsche gewichte angehängt. Wie oft verleugnet er den beruf eines sprachforschers mit der wiederholten äuszerung: ›diese wörter sind so niedrig, dasz sie kaum angeführt zu werden verdienen‹ und wie mengt er alle diese Arten untereinander. Seine definition von liebchen lautet z.b. ›ein nur noch von den niedrigen sprecharten übliches wort eine geliebte person zu bezeichnen, welche man auszer der ehe liebet‹. der mann soll also aufhören seine frau liebchen zu heiszen. […] mädchen, das er unter magd verweist, gilt ihm für den traulichen ausdruck, mägdlein für den edlen. Wer weisz, welches trauliche wort ihm nicht gemein, welches gemeine ihm nicht niedrig erschienen wäre, und nehmen nicht auch edle wörter wie mensch und mannsbild heute niedrigen sinn an? […] Das wörterbuch, will es seines namens werth sein, ist nicht da um wörter zu verschweigen, sondern um sie vorzubringen. Es unterdrückt kein ungefälliges wörtchen, keine einzige wirklich in der sprache lebendige form, geschweige reihen von benennungen, die seit uralter zeit bestanden haben, fortbestehen und dem was in der natur vorhanden ist nothwendig beigelegt werden«.[100] Freilich hätten die Grimms auch auf eine ganze Reihe »sprachmächtiger« Schriftsteller, vor allem aus frühneuhochdeutscher Zeit, verzichten müssen, allen voran auf ihren Sprachheros Martin Luther, wenn sie sich für die »gezierte« Sprache entschieden hätten. Dessen war sich Jacob Grimm voll bewusst. Für ihn war es »unerläszlich«, sich im deutschen Wörterbuch auch der »anstöszigen wörter« zu versichern, »da sie aus den quellen unserer alten sprache geschöpft und von männern gebraucht sind, die noch mit festeren nerven begabt als die jetzt redenden vor einem kecken derben wort nicht zurück bebten, wenn es galt dem was sie sagen wollten stärke zu verleien.«[101] Ein gutes Beispiel für die von Jacob Grimm geschätzte Volkssprache ist der Artikel »Arsch« im deutschen Wörterbuch, der mit den Zusammensetzungen von »Arschbacke« bis »Arschwisch« ganze neun Lexikonspalten füllt. Zu »Arsch« kann man da u. a. lesen: »In einer groszen anzahl von derbkräftigen, oft sinnreichen und poetisch gewandten redensarten des volks, welche die feine welt oft abweist, spielt dies wort eine hauptrolle; viele derselben sind so alt, auch unsrer sprache gemein mit andern, dasz sie hier nicht übergangen werden dürfen. Das alterthum war natürlich und gerade heraus, heute hält man für anständig, sich nur abgezogener ausdrücke wie der after, der hintere, das gesäsz, der sitzer, die sitztheile oder gar des euphemismus der allerwertheste zu bedienen: ›must all die garstigen wörter lindern / aus scheiszkerl schurk / aus arsch mach hintern‹ (GÖTHE).«[102] Dieser Artikel veranschaulicht, was Nicolai und die Grimms unter dem *Gebrauch* der Wörter durch die Schriftsteller verstanden und warum sie die Auskünfte darüber für unverzichtbar hielten. Jacob Grimm beendet seine Ausführungen zu den »derben und anstöszigen Wörtern« mit einem kräftigen Schlusswort: »Das wörterbuch ist kein sittenbuch, sondern ein wissenschaftliches, allen zwecken gerechtes unternehmen. Selbst in der bibel gebricht es nicht an wörtern, die bei der feinen gesellschaft verpönt sind. Wer an nackten bildseulen ärgernis nimmt oder an den nichts auslassenden wachspraeparaten der anatomie, gehe auch in diesem sal den mißfälligen wörtern vorüber und betrachte die weit überwiegende Mehrzahl der andern.«[103] Friedrich Nicolai hätte jeden dieser Sätze unterschrieben.

Bleibt zuletzt noch, den Umgang mit Fremdwörtern bei Nicolai und den Grimms, die Jacob in der »Vorrede« als »fremde wörter« bezeichnet, zu vergleichen. An der Haltung zu den fremden Wörtern lässt sich erkennen, zu welcher Fraktion der Sprachreiniger jemand gehörte, der sich um die »Hebung« der deutschen Sprache bemühte. Allen gemeinsam ist eine mehr oder weniger ausgeprägte Angst vor einer Fremdbestimmung bzw. Überfremdung des Deutschen durch andere Sprachen, die von moderater Skepsis bis hin zu phobischen Abwehrreaktionen führen kann. Die Trennlinien verlaufen allerdings nicht geradlinig. Bei den Grimms reichen die Reaktionen von vorsichtiger Anerkennung des Gebrauchs fremder Wörter bis hin zu einem krassen Sprachchauvinismus. In ein und demselben Text können die Positionierungen hin und her gehen. Fast alle Sprachreiniger bedienen sich einer naturalistischen/biologistischen Terminologie, die sich im Spektrum von »gesunder – angekränkelter – kranker Sprache« bewegt. Dazu schreibt Jacob Grimm: »Alle sprachen, solange sie gesund sind, haben einen naturtrieb, das fremde von sich abzuhalten und wo sein eindrang erfolgte, es wieder auszustoszen, wenigstens mit den heimischen elementen auszugleichen.« Diese Integrationskraft habe die deutsche Sprache im Laufe ihrer Entwicklung aber verloren: »Allmählich begann jener widerwille gegen den fremden laut sich abzustumpfen und in ein pedantisches Beibehalten seiner vollen aussprache umzudrehen; auf diesem standpunkt sank das gefühl für die eigene sprache noch mehr und den fremden wörtern wurde der zutritt ohne noth erleichtert: man suchte nun eine ehre darin, das heimische aufzugeben und das fremde an dessen stelle zu setzen.« Jacob Grimm hält es für die Pflicht jedes Sprachforschers, zumal in einem deutschen Wörterbuch »dem maszlosen und unberechtigten vordrang des fremden widerstand zu leisten«: Zu akzeptieren seien aber solche Wörter, »die im boden unserer sprache längst wurzel gefaszt und aus ihr neue sprossen getrieben haben«. Abzulehnen seien die große Anzahl der Wörter aus dem Griechischen, Lateinischen und Französischen, »deren gebrauch unter uns überhand genommen hat oder gestattet wurde, ohne dasz sie für eingetretne in unsere sprache gelten können«. Und wer gestattet den fremden Wörtern sich einzunisten? Auf diese Frage gibt Jacob Grimm eine Antwort, die die Sprachreiniger bereits vor hundert Jahren sowie auch Lessing, Nicolai und ihre Literaturfreunde parat hatten: »Man darf überhaupt nicht vergessen, dasz es keineswegs die mitte des volks ist, die das fremde in unsere sprache heran schwemmte, vielmehr dasz es ihr zugeführt wurde durch die dem ausländischen brauch huldigenden fürstenhöfe, durch den steifen

Chodowiecki-Illustration »Vertreibung der Familie Nothanker aus
dem Pfarrhause«, aus dem Roman von Friedrich Nicolai

und undeutschen stil der behörden, kanzleien und gerichte, so wie durch das bestreben aller wissenschaften ihre kunstausdrücke den fremden zu bequemen oder diesen den rang vor jedem eigenen wort zu lassen.« Auch wenn dieser Befund in seiner Diktion xenophobe Züge trägt, beruht er auf historischen Fakten, die zum politischen und kulturellen Kontext der im Berlin und im Preußen des 18. Jahrhunderts lebenden Freunde Lessing, Mendelssohn und Nicolai gehören, der ihr Denken, Reden und Schreiben stark beeinflusst hat. Um 1850 versichert Jacob Grimm den Lesern in seiner auf das Werk einstimmenden Vorrede, dass ihr Wörterbuch »dieser ausländerei und sprachmengung« keinen Vorschub leisten werde. Im gleichen Atemzug wendet Jacob Grimm sich dann wieder gegen die Sprachpuristen, die er »unberufene Sprachreiniger« nennt, deren Abwege es zu vermeiden gelte: »Ohne an der schönheit und fülle unserer sprache selbst freude zu empfinden, strebt dieser ärgerliche purismus das fremde, wo er seiner nur gewahren kann, feindlich zu verfolgen und zu tilgen, mit plumpem Hammerschlag schmiedet er seine untauglichen waffen. Das was, ihm völlig unbewuszt, die sprache längst schon hatte, oder was sie zum gröszten theil noch nicht ein mal in sich aufzunehmen begehrt, will er ihr im umgedrehten kleide gewaltsam anziehen und einverleiben, vor lauter bäumen sieht er den wald nicht«.[104]

Nicolai hat sich zur Aufnahme von Fremdwörtern in ein deutsches Wörterbuch in seinem Plan nicht geäußert. Wie Lessing gehörte er zu den eher gemäßigten Sprachreinigern. Über die affektierte, in der Regel »halbgebildete« Verwendung französischer Vokabeln in der Teetisch-Konversation der »gebildeten Stände« und mancher Schriftsteller, das »Französieren«, äußerte er sich aber, wie die meisten seiner Freunde, oft mit ätzendem Spott. So in seinem Erfolgsroman der frühen 1770er-Jahre, »Leben und Meinungen des Herrn Magisters Sebaldus Nothanker«.[105] Überhaupt liest sich dieser Roman wie ein Kommentar zu

Nicolais Plan zu einem deutschen Wörterbuch. Tatsächlich hat er diesen Plan geschrieben, als der dritte Band des Sebaldus fertig war.

Die Grimms mussten den vielen Wortsuchern, die ihnen beim »Ausziehen« der Wörter aus den für wichtig befundenen Werken halfen, für ihre Recherche möglichst genaue Anweisungen geben. Jacob Grimm bedankt sich in der Vorrede bei den 86 Helfern, die nach diesen »Anweisungen« Worte sammelten. In seiner Liste finden sich viele Namen bekannter Persönlichkeiten des 19. Jahrhunderts. Entscheidend für die Verteilung der Suchaufgaben war die genaue Eingrenzung der Epochen der Sprachentwicklung, die nach Möglichkeit von Helfern gesichtet werden sollten, die sich in dem jeweiligen Zeitraum besonders gut auskannten.

Die Ansprüche der Grimms an die Qualifikation ihrer Wörtersucher waren wesentlich höher als die Nicolais. Die Literaturwissenschaften hatten in den achtzig Jahren zwischen Nicolai und den Grimms große Fortschritte gemacht, die von den Brüdern, die wesentlich dazu beigetragen hatten, genutzt werden konnten. Die Germanistik hatte erst zu diesem Zeitpunkt den Status einer anerkannten Wissenschaft erlangt. Jacob und Wilhelm Grimm und ihre Freunde Lachmann und Haupt waren ihre bedeutendsten Vertreter. Eine so große Anzahl qualifizierter Mitarbeiter hätte Nicolai (er konnte sich nur Männer vorstellen) zu seiner Zeit unmöglich zusammenbringen können. Die 86 Wörtersucherinnen und Wortsucher der Grimms, unter ihnen einige Frauen (z. B. Bettina von Arnim), waren über das ganze deutschsprachige Gebiet verteilt. Eine solche Zusammenarbeit war erst mit der Entwicklung der Eisenbahn um 1850 und dem Ausbau des Postwesens, mit denen sich die Kommunikationsbedingungen gegenüber der zweiten Hälfte des 18. Jahrhunderts sehr verbessert hatten, möglich geworden.

Nicolai glaubte mit ca. 20 »arbeitsamen, der deutschen Sprache nicht unkundigen« Männern auszukommen. Den »Vorrath«, den diese »fleißigen Hände« nach »seinem Plane« zusammentragen würden, wollte er dann von einem dazu »fähigen Kopf« bearbeiten lassen. Es bleibt unklar, ob er damit seinen eigenen Kopf meinte. Noch vor der Sucharbeit der »fleißgen Hände« aber wollte er ganze zehn Jahre lang seinen mit Wortbeispielen angereicherten Plan von »Kennern« überprüfen lassen, »in wie fern [sein] Plan bleiben, und in wie fern er verbessert werden könnte«.

Genauso gingen dann auch die Grimms ans Werk. Teils mithilfe einer umfangreichen Korrespondenz, vor allem mit Lachmann und Savigny, die schon 1838 begann, erarbeiteten sie Zielsetzung, Struktur und Methode ihres Wörterbuches, legten die Kriterien für die Wortsuche fest, die im jahrzehntelangen Arbeitsprozess am deutschen Wörterbuch immer wieder neuen Erkenntnissen angepasst wurden. Sie schickten dann ihre Wortsucher ins Feld, und erst nach etwa zehn Jahren Sammelarbeit, an der sie sich selbst auch aktiv beteiligten, machten sie sich an die entscheidende Auswahl. Bei der Beschreibung ihres Arbeitsprozesses verwendeten sie übrigens die gleiche metaphorische »Gärtnersprache« wie Friedrich II. Sie verstanden sich als die hegenden und pflegenden, das Unkraut jätenden Gärtner im »Garten« der deutschen Sprache, redeten von seinen »Früchten«, vom »bestellen, graben, ackern und ernten«.

Drei Wege zur deutschen Sprache
im 18. Jahrhundert

Die drei jungen Männer, die sich um 1755 in Berlin trafen und Freunde wurden, hatten sehr unterschiedliche Bildungsbiografien, die im Folgenden in drei kurzen Skizzen vorgestellt werden. Dabei wird dem Zusammenhang von Biografie und Zeitgeschichte besondere Aufmerksamkeit gewidmet.

Gotthold Ephraim Lessing, Sohn eines Pfarrers, geboren am 22. Januar 1729 in Kamenz

Seit zweihundert Jahren waren Gotthold Ephraims männliche Vorfahren väterlicherseits Theologen und Juristen, »studierte Leute«, wie man sagte. Er stammte also aus einer Familie von Gelehrten. Der interessanteste unter seinen Vorfahren war sein Großvater Theophilus Lessing. Er studierte Theologie und Weltweisheit (Philosophie) in Leipzig. Am 24. März 1669 disputierte er, vermutlich im Rahmen seiner Magisterprüfung, in der Philosophischen Fakultät »Über die Duldung der Religionen« auf der Grundlage eines von ihm verfassten Textes »De religionum tolerantia«. In der kleinen, nach Paragrafen gegliederten Schrift erörterte er »die theologisch-juristische Grenzfrage, ob die Obrigkeit verschiedene Religionen dulden dürfe. [...] Nach einer runden, unzweideutigen Fassung der Frage weist er Bekehrungen mit Feuer und Schwert voll Abscheu zurück und protestiert gegen obrigkeitliche Verfolgung, solange die Sektiererei keine Störung der öffentlichen Ordnung errege. Er sieht in der Sorge für das Staatswohl das starke Band, das die durch Glaubensverschiedenheit getrennten Untertanen aneinanderkette. Geduld sei die beste

Arznei für den Irrtum, der Glaube Sache der Überzeugung, die sich nun und nimmer aufzwingen lasse«. Er nannte »Duldung segensreicher als Unterdrückung und die Macht der Wahrheit nicht bedürftig des Schutzes jener schlimmen Feuerschürer und Kriegszinkenisten, die lieber heute als morgen zum Kampfe bliesen«.[106] Theophilus Lessing wurde 1681 Ratsherr in Kamenz. Von 1711 bis 1735 war er dort ein angesehener Bürgermeister. Dass sein Großvater nicht nur das tolerante Zusammenleben der Konfessionen im Heiligen Römischen Reich Deutscher Nation gefordert hatte, sondern Toleranz gegenüber *allen* Religionen, hat auf Gotthold Ephraim, vermittelt über seinen Vater, sicher eine starke Wirkung gehabt. Als Gotthold Ephraim in der Aufnahmeprüfung der sogenannten Fürstenschule St. Afra in Meißen einen Text über »den durch das Christenthum ausgetilgten Unterschied des Barbarencharakters zwischen Volk und Volk« vom Deutschen ins Lateinische übersetzen musste, schrieb er aus eigenem Entschluss noch einen Kommentar dazu: »Diesen Gedanken wollen wir im Herzen bewahren, denn es ist ein Zeichen des Barbarenthums, einen Unterschied zwischen den Völkern zu machen, die alle von Gott geschaffen und mit Vernunft begabt sind. Vor allem geziemt es dem Christen, seinen Nächsten zu lieben, und unser Nächster ist nach Christi Wort der, welcher unserer Hülfe bedarf. Wir bedürfen aber alle der Hülfe Andrer, deshalb sind wir alle die Nächsten eines des Andern. Deshalb wollen wir die Juden nicht verdammen, wiewohl sie Christum verdammten, denn Gott selbst spricht: Richtet nicht, damit Ihr nicht gerichtet werdet. Wir wollen die Mohammedaner nicht verdammen; auch unter ihnen gibt es rechtschaffene Menschen. Niemand endlich ist ein Barbar, der nicht unmenschlich und grausam ist.«[107]

Die gesellschaftliche Stellung der Familie Lessings wird von seinen Biografen unterschiedlich eingeschätzt. Während Adolf Stahr Johann Gottfried Lessing und sein Pfarrhaus als den »Mittelpunkt der geistigen und gelehrten Interessen des Orts« ansah und die Familie Lessing an der Spitze der sozialen Hierarchie in Kamenz sieht,[108] beschreibt der kritischere Waldemar Oehlke die Stellung der Familie Lessing in der Sozialstruktur der Stadt weniger günstig: »Eng war auch der Geist der Stadt, schon 1681,

Gotthold Ephraim Lessing in jungen Jahren

als Lessings Großvater dorthin übersiedelte. Die Rangordnung unter den Bürgern wurde eifersüchtig gewahrt. Der Pastor kam an sechster Stelle, Künstler aber standen weit unten, nach den Perückenmachern und vor den Ratstürstehern.«[109]

Die Herkunft Gotthold Ephraim Lessings aus einer Gelehrtenfamilie, die für seine individuelle Bildungsgeschichte eine
herausragende Bedeutung hatte, fasst Adolf Stahr eindrucksvoll
zusammen: »Von dem geistlichen Stammherrn an zieht sich das
Geschlecht anderthalb Jahrhunderte und sechs Generationen
hindurch in ununterbrochener Folge von Geistlichen und Rechts-
gelehrten, Pfarrern und Bürgermeistern kleiner sächsischer Städte
bis zu Gotthold Ephraim herab, welcher der erste war, der keins
von beiden werden sollte. Es ist durchaus eine Familie von Lite-
raten in dem alten guten Sinne des Worts, wonach dasselbe einen
Mann bezeichnet, der auf gelehrten Schulen und Universitäten
ordnungsmäßig seine wissenschaftlichen Studien gemacht hat.«[110]

Die schulische Bildung Gotthold Ephraim Lessings

Der älteste Sohn des Kamenzer Pfarrers Johann Gottfried Lessing
sollte wie er Theologie studieren und Pfarrer werden oder ein
anderes geistliches Amt bekleiden, auch seine Mutter kam aus
einem Pfarrhaus. Dass Gotthold Ephraim diese Entscheidung
der Eltern schon als Jugendlicher ablehnte und trotz aller Ermah-
nungen, die sich bis zu Drohungen steigern konnten, dabei blieb,
gehörte zu den großen, nie verwundenen Enttäuschungen, die
er seinen Eltern bereitet hat. Nie hätten sie sich denken können,
dass die streng protestantische Erziehung und Bildung des Jungen entscheidend dazu beigetragen hätte, einen Freigeist aus ihm
zu machen.

Über die ersten Unterweisungen Lessings durch seinen Vater
berichtet sein Bruder Karl Gotthelf, der es aus eigener Erfahrung gewusst haben wird: »Versichern kann man, daß Lessing,
sobald er nur etwas lallen konnte, zu beten angehalten wurde und
den ersten Unterricht in der Religion von seinem Vater selbst
erhielt.«[111] Regelrechten Privatunterricht bekam der Junge nach
seinem vierten Geburtstag von seinem älteren Vetter Christlieb

Mylius, ebenfalls Sohn eines Pfarrers. Gotthold Ephraim umgab sich schon als kleines Kind gerne mit Büchern, in denen er blätterte ohne sie lesen zu können. Ein erhaltenes Kinderbildnis in Öl aus dem Jahre 1735 zeigt ihn zusammen mit seinem vier Jahre jüngeren Bruder Theophilus. Auf dem Bild hält er sitzend ein großes Buch auf dem Schoß, während sein kleiner Bruder ein Lämmchen streichelt. Auf dem Fußboden neben und unter dem Stuhl liegen Bücher.

Der Vater hatte eine große Bibliothek. Eine Wohnung mit Bücherwänden bis unter die Decke kann Kinder auch nerven, es sei denn, der Umgang mit Büchern wird ihnen freundlich und liebevoll nahegebracht. Bei Lessing scheint Letzteres der Fall gewesen zu sein, denn Bibliotheken blieben zeitlebens faszinierende Aufenthaltsorte für ihn, die er aufsuchte, wo immer er auch war. Wie bereits erwähnt, hoffte er als 35-Jähriger Leiter der Bibliothek Friedrichs II. zu werden, und in den letzten zehn Jahren seines Lebens bewegte er sich hauptsächlich in den Bücherlabyrinthen der herzoglichen Bibliothek in Wolfenbüttel, die heute seinen Namen trägt.

Wahrscheinlich besuchte Gotthold Ephraim nach seinem sechsten Geburtstag die Kamenzer Lateinschule. In der noch aus dem 16. Jahrhundert stammenden Schulordnung war festgelegt, »daß die Knaben lateinisch reden, und die Schulmeister sollen selbst, so viel müglich, nichts denn lateinisch mit den Knaben reden, dadurch sie auch zu solcher Uebung gewonet und gereitzt werden«.[112] Es gab nur lateinische Schulbücher. Im Sommer 1737 wurde die Schule von Johann Gottfried Heinitz übernommen, der, zum Schrecken der Eltern, ein sogenannter Freigeist war, der den lern- und wissbegierigen Schüler beeindruckt haben wird. »Freigeist« war damals eine abwertende Bezeichnung für einen freigeistigen, sich als Aufklärer verstehenden Mann oder als ein so beurteilter. Heinitz schrieb gegen Pedanterie an Schulen und Universitäten, bezeichnete leichtgläubige Autoritätshörigkeit als eine Feindin aller Bildung und redete über alle möglichen Schranken der Erkenntnis. Dass er schließlich das heidnische Altertum als eine heroische Zeit und die Heldentugenden der Heiden pries und seine Schüler diese Vorstellungen an einem Schulfest in einer selbst gemachten Inszenierung aufführen ließ, empörte die frommen lutherische Protestanten der Stadt. »Zum Entsetzen der Kamenzer Stadtväter und des Pastors Lessing« feierte Heinitz in einer Schrift über die Funktion des Theaters auch noch, für alle nachzulesen, »die Schaubühne als Schule der Beredsamkeit«.[113] Themen, die in seinem Elternhaus nur negativ besetzt, wenn nicht gar gegenüber den Kindern tabuisiert waren, hörte Lessing nun in der Schule. Ihre Spuren ziehen sich durch sein Lebenswerk. Sein Vater wetterte von der Kanzel gegen den jungen engagierten Lehrer und der Magistrat der Stadt rügte und verwarnte ihn. Als die geistige Luft in Kamenz dem engagierten Pädagogen zu stickig wurde, kündigte er. Die Affäre hatte eine Art journalistisches Nachspiel. Heinitz war mit dem jüngeren Bruder von Lessings Privatlehrer Christlieb Mylius, Christlob Mylius, befreundet, der schon als Jugendlicher in Leipzig mit Freigeistern verkehrte. Dieser war ebenfalls ein Vetter Gotthold Ephraims und schrieb auf den in Kamenz verhassten Heinitz einen poetischen »Nachruf«, in dem er seinen Freund zu seinem Abschied aus dem barbarischen Kamenz beglückwünscht, in dem »Verstand und Wissen der Schmach und Unvernunft als Sklaven frönen müssen«. In dem Gedicht heißt es weiter, der Lehrer Heinitz werde verfolgt, »weil er zu richtig denkt, des Wahns Altar zerstöret, der Jugend Bestes sucht und nicht pedantisch lehret«. In seinem Gedicht verspottete er auch seinen Onkel, den Pastor Lessing.[114] Mylius wurde 1743 bei einem Aufenthalt in Kamenz wegen Beleidigung und Verunglimpfung verhaftet, musste Abbitte leisten, die Kosten des Gerichtsverfahrens und 20 Taler Strafe bezahlen. Ausgerechnet dieser Feuerkopf wurde Lessings Mentor und engster Freund, als er in Leipzig mit dem

Studium begann. Als Mylius dann in Berlin Redakteur der »Berlinischen privilegierten Zeitung« wurde, ging auch Lessing nach Berlin. Die Eltern waren über diesen »gottlosen Umgang« ihres zu einem »Diener des Wortes Gottes« bestimmten Sohnes entsetzt.

Da eine höhere Schulbildung, die auf ein Universitätsstudium vorbereitete, in Kamenz nicht möglich war, Lessings Vater aber eine teure Internatsschule, an der die Kinder des Adels und des gehobenen Bürgertums ausgebildet wurden, nicht bezahlen konnte, bemühte er sich um einen Freiplatz für seinen Sohn. Ein mit der Familie Lessing bekannter Oberstleutnant von Carlowitz verfügte über eine »Freistelle« an der sogenannten Fürstenschule St. Afra in Meißen, die er dem mit besten Zeugnissen ausgestatteten zwölfjährigen Gotthold Ephraim zur Verfügung stellte. Bevor der Junge die Internatsschule beziehen konnte, kam er für einige Monate zu einem Amtsbruder des Vaters in das Dorf Putzkau, um von diesem auf den einschneidenden Wechsel, der größer kaum sein konnte, vorbereitet zu werden. Lessings Kinderleben in Kamenz war sicher streng geregelt, aber er lebte dort doch in einer vergleichsweise bunt gemischten Kindergesellschaft, wird außerhalb von Schule und Elternhaus in nicht beaufsichtigten Stunden Kinder aus wendischen und katholischen Familien getroffen haben, mit ihnen gespielt und sich mit ihnen gebalgt haben. In St. Afra musste er die Schultracht, einen kurzen schwarzen Mantel und eine Perücke tragen.

Die Schulordnung teilte den Tag über die gesamten 24 Stunden ein. Im Sommer mussten die Kinder und Jugendlichen um 4.30 Uhr aufstehen, im Winter eine Stunde später. Bei jedem Wetter mussten sich die Schüler in einem Brunnentrog auf dem Hof waschen und anschließend Kleider, Schuhe und Betten unter der Aufsicht älterer Schüler in Ordnung bringen. Unter Führung eines sogenannten Inspektors, eines Primaners, ging es dann in Reih und Glied in den Speisesaal. Nach »geistlichem Gesang,

Verlesung eines lateinischen Gebets, viermal wöchentlich Erklärung einer Bibelstelle«,[115] durfte das vom »Torwächter« gegen Bezahlung erstandene Frühstück gegessen werden. Es folgten fünf Stunden Unterricht bis zum gemeinsamen Mittagessen im Speisesaal. Bereits vor der Mahlzeit wurden von den Schülern vier Gebete in lateinischer, griechischer und deutscher Sprache rezitiert, währenddessen las ein Primaner drei Kapitel aus der Bibel vor, damit »wie der Leib mit der Speise gesättigt, also auch der Geist genähret werde«. Nach dem Mittagessen gab es eine Freistunde zum individuellen Ausspannen oder wahlweise Singen, Tanzen und freies Schreiben. Dann folgten noch einmal fünf Stunden Unterricht oder selbstständiges Arbeiten unter Aufsicht und schließlich das Abendessen, im Anschluss Gebet und Lesung aus lateinischen Texten. Hernach hatten die Schüler die zweite Freistunde des Tages. Nach dieser Freistunde mussten die jüngeren Schüler das Tagespensum unter Anleitung älterer Schüler wiederholen. Vor dem Zubettgehen versammelten sich die Schüler zu einem gemeinschaftlichen Gebet. Um 21.30 Uhr wurden in St. Afra die Kerzen ausgeblasen und es musste absolute Ruhe eingehalten werden. Sonntags wurden zwei Gottesdienste, einer vormittags, einer nachmittags, in der schuleigenen Kirche besucht, in der die Schüler auch während der Woche an bestimmten Tagen an Andachten teilzunehmen verpflichtet waren. Sport oder andere Körperübungen, außer Tanzen, gab es in der Anstalt nicht. Bestraft wurden verbotenes Würfeln, Kartenspiele und Rauchen. Die schwerste Strafe bei Verstößen gegen die Schulordnung war »Ausstoßung«. Minder schwere Verstöße wurden in aufsteigender Reihenfolge mit Verwarnung, demütigendem Essen auf dem Fußboden des Speisesaals, Essensentzug genannt »Fasten«, Schlägen mit der Rute, schmerzhaftem Fesseln der Hände genannt »Fidel« und Einsperren in der Arrestzelle genannt »Karzer« bestraft. Oehlke nennt das ausgeklügelte Kontrollsystem dieser Anstalt »republikanisch«, weil die älteren

Schüler die jüngeren kontrollierten: »Vorauszuschicken ist die Bemerkung, daß die Türen der Schlafzimmer aus begreiflichen Gründen zwecks Überwachung von außen mit kleinen Öffnungen versehen waren. Die Oberaufsicht führte ein Lehrer, der für je eine Woche als Hebdomarius in der Schule wohnte. Dreizehn Primaner waren ihm als Inspektoren beigegeben und in je einem Studier- und Schlafzimmer führte ein Primaner als Ober- und ein Sekundaner als Untergeselle die Aufsicht, in der sie von zwei Tertianern als Ober- und Unterlektionern unterstützt wurden.«[116] Moralisch sollte dieses System durch ein Gelöbnis abgesichert werden, mit dem die Schüler bei ihrer Aufnahme in die Anstalt dem Rektor in die Hand versprechen mussten, die sechs Haupttugenden »Gottesfurcht, Gehorsam, Meidung schlechter Gesellschaft, Fleiß, Reinlichkeit und Ordnung« mit Gottes Hilfe einzuhalten und allezeit dankbar zu sein »gegen Gott, den Landesherrn und die Schule«.[117]

Trotz der Bereitschaft der meisten Schüler, sich diesem harten Zwangs- und Kontrollsystem anzupassen, gab es offen widerständige Schüler, zu denen auch Lessing gehörte. In seinen Halbjahreszeugnissen finden sich immer wieder Bemerkungen, die diesen Schluss zulassen. Schon in den ersten Monaten fiel er »durch seine allzu kecke, selbständige Haltung auf« und wurde ermahnt, »den guten Eindruck seines schmucken Äußeren nicht durch dreistes und mutwilliges Betragen zu trüben«. Das sächsische Oberkonsistorium, das die Schulaufsicht führte, wurde von der Schulleitung anlässlich der Osterzeugnisse 1742 veranlasst, Lessing zusammen mit vier weiteren Schülern »zu einem wohlgesitteten Wandel, zu williger Annahme guter Zucht und zu allem schuldigen Gehorsam ernstlich zu ermahnen«. Außerdem wurde er »wegen seines Auftretens und allzu großer Selbständigkeit in der Wahl seiner Arbeit getadelt«. Weitere Tadel wegen »Nachlässigkeit« und »ungebührlichen Betragens« folgten auf die Zeugnisse des Jahres 1743. Das sind bemerkenswerte Hinweise auf den Mut, die Widerständigkeit, vor allem aber den Eigensinn des Heranwachsenden, der es wagte, seinen Lernprozess gegen den Druck der Lehrer in Ansätzen selbst zu bestimmen, sodass die Obrigkeit glaubte, ihn wegen »allzu großer Selbständigkeit in der Wahl seiner Arbeit« zur Ordnung rufen zu müssen.

Ein Ereignis ist in den Annalen der Schule, offenbar wegen seiner Singularität, genauer festgehalten worden. Die Verpflegung der Schüler hatte gegen gute Bezahlung ein »Pächter« übernommen, der, statt den ausgedruckten angemessenen Speiseplan zu realisieren, schlechtes Essen aus minderwertigen, zum Teil vergammelten Lebensmitteln lieferte. Am 22. September 1743 kam es zu einer Revolte der Tertianer und Sekundaner gegen dieses System, an der auch Gotthold Ephraim beteiligt war. Mit Musikinstrumenten und Küchengeräten veranstalteten sie vor der Küche ein Katzenkonzert mit einem selbst gedichteten Text gegen den Pächter: »Ohnmächtiger Erhalter, adjecter Schulverwalter, was du uns abgestohlen, das soll der Teufel holen.« Die aufgebrachten Schüler griffen das Küchenpersonal an und warfen die Fensterscheiben mit Steinen ein. Es kam zu einem hochnotpeinlichen Verhör, in dem aber kein Rädelsführer ausgemacht werden konnte und darum auch kein Schüler als abschreckendes Beispiel exemplarisch bestraft werden konnte. Eine erstaunliche solidarische Leistung dieser Schüler. So sah sich der Kurfürst von Sachsen, der »höchst mißfällig von diesem Tumulte« an seiner Eliteschule vernommen hatte, gezwungen, alle Beteiligten mit einem Verweis zu belegen. Heute würden wir das Kollektivstrafe nennen. Im Herbstzeugnis 1743 wurde Lessing wegen seiner Beteiligung an dieser Bambule noch einmal getadelt.[118]

Die frühen Biografen Lessings hatten an diesem System totaler Kontrolle und Disziplinierung nichts auszusetzen. Für sie war St. Afra ein Musterbeispiel guter und erfolgreicher Erziehung. Adolf Stahr schreibt: »Diese Lehr- und Erziehungsanstalten, in welchen eine größere Anzahl Schüler [...] unterrichtet wurden, bildeten damals, wie noch jetzt, die Sitze gründlicher Gelehrsamkeit und eines vorzugsweise auf die alten klassischen Sprachen gegründeten Unterrichts. Durch beides sollten sie der Absicht des Stifters entsprechen [Kurfürst Moritz von Sachsen, M.K.], der in diesen gelehrten Cadettenhäusern tüchtige Verteidiger der Reformation und des evangelischen Glaubens herangebildet haben wollte. Eine gewisse Klösterlichkeit der Einrichtung, ein sorgfältig gegliedertes System der Beaufsichtigung und eine daraus hervorgehende strenge Zucht waren damit nothwendig gefordert. Aber strenge Zucht ist die Nährerin der Freiheit für Menschen, welche mit der Anlage zur Freiheit geboren sind, und es hat dem Freiesten der Freien nichts geschadet, daß er seine Jugend in der klösterlich beschränkten Enge des Meißner Afraneums verlebte.«[119]

Der Lehrplan in St. Afra war eine verschärfte Fortsetzung dessen, was Gotthold Ephraim auf der Kamenzer Lateinschule vor der Zeit von Heinitz gelernt hatte. Die lateinischen Sprachstudien bildeten den Schwerpunkt des Unterrichts. Größter Wert wurde auf Stilübungen gelegt, denen sich Lessing zum Ärger seiner Lehrer verweigerte, weil er sie für wenig nützlich und für Zeitverschwendung hielt. In der Unterstufe gab es wöchentlich fünfzehn Stunden Latein, vier Stunden Griechisch mit Texten aus dem Neuen Testament, fünf Stunden Religion und Kirchengeschichte und je zwei Stunden Französisch, Mathematik, Arithmie und Historische Erdkunde. Hebräisch gab es mit drei Wochenstunden erst in der Oberstufe. Deutsch gab es während Lessings Jahren an dieser Schule als Lehrfach nicht:[120] »Der Unterricht in der deutschen Muttersprache und Literatur sowie deutsche Stylübungen waren grundsätzlich von dem Lehrplane ausgeschlossen, oder wurden doch nur sehr nebenbei betrieben, ja eigentlich mehr nur geduldet als gefördert.« Kreative Schüler konnten diese Lateinlastigkeit des Lehrplans kompensieren durch die unschätzbaren 25 Wochenstunden für die sogenannten Privatstudien. Die beschnitten die freie Zeit der Schüler zwar erheblich, denn ihre Einhaltung wurde kontrolliert, sie boten aber doch einen enormen Raum für weitgehend selbstbestimmtes Lernen, den Lessing von Anfang an extensiv nutzte. Gegen die Versuche orthodoxer Lehrer, dieses Lernen in ihrem Sinne zu lenken, setzte er sich erfolgreich zur Wehr. Über den Konrektor Höre, den er für das Urbild des Pedanten hielt, schrieb Lessing später an seinen Vater, es reue ihn nicht, dass er diesem Lehrer nicht gefolgt sei: »Ich weiß wohl, daß es seine geringste Sorge ist aus seinen Untergebnen vernünftige Leute zu machen, wenn er nur wackre Fürstenschüler aus ihnen machen kann, das ist, Leute, die ihren Lehrern blindlings glauben, ununtersucht, ob sie nicht Pedanten sind.«[121] Lessing nutzte die »freien« Stunden für ein intensives Selbststudium der deutschen Sprache, in der er in seinem ganzen bisherigen Schülerleben nicht unterrichtet worden war. Dabei wurde er unterstützt von dem Mathematiklehrer Klimm. Dessen Fach war erst zwei Jahre vor Lessings Schuleintritt in den Lehrplan aufgenommen worden. Er war ein Fremdkörper in dieser Schule und wurde von den meisten seiner Kollegen und der großen Mehrheit der Schüler nicht geachtet und sogar regelrecht schikaniert. Diesem Lehrer schloss sich Lessing an und lernte durch ihn die zeitgenössische deutsche Literatur kennen.

Zu Lessings ersten poetischen und dramatischen Versuchen gehörte der Entwurf des später in Leipzig vollendeten und von der Neuberschen Theatertruppe aufgefürten Theaterstücks »Der junge Gelehrte«. In einer Szene geht es um die deutsche Sprache. Der junge Gelehrte prahlt vor seinem Diener Anton, dass er mit zwanzig Jahren schon Lateinisch, Griechisch, Hebräisch, Französisch, Italienisch, Englisch kann. *Darauf Anton. Sachte! Sie haben eine vergessen; die deutsche ---- **Damis (der junge Gelehrte)**. Es ist wahr, mein lieber Anton; das sind also sieben Sprachen: und ich bin erst zwanzig Jahre alt! Anton. Pfuy doch, Herr! Sie haben mich, oder Sich selbst zum besten. Sie werden doch das, daß Sie Deutsch können,* *nicht zu Ihrer Gelehrsamkeit rechnen? Es war ja mein Ernst nicht. ---Damis. Und also denkst du wohl selber Deutsch zu können. Anton. Ich? ich? Nicht Deutsch! Es wäre ein verdammter Streich, wenn ich Kalmuckisch redete, und wüßte es nicht. Damis. Unter können und können ist ein Unterschied. Du kannst Deutsch, das ist: du kannst deine Gedanken mit Tönen ausdrücken, die einem Deutschen verständlich sind; das ist, die eben die Gedanken in ihm erwecken die du bei dir hast. Du kannst aber nicht Deutsch; das ist: du weißt nicht, was in dieser Sprache gemein oder niedrig, rauh oder annehmlich, undeutlich oder verständlich, alt oder gebräuchlich ist; du weißt ihre Regeln nicht; du hast keine gelehrte Kenntniß von ihr. Anton. Was einem die Gelehrten nicht weiß machen wollen! Wenn es nur auf Ihr d a s i s t ankäme, ich glaube, Sie stritten mir wohl gar noch ab, daß ich essen könnte. Damis. Essen? Je nun wahrhaftig, wenn ich es genau nehmen will, so kannst du es auch nicht. Anton. Ich? Ich nicht essen? Und trinken wohl auch nicht?*

Lessing spielt mit den Rollen dieses Stücks verschiedene Aspekte der eigenen Identität durch. Mal ist er der junge Gelehrte, mal dessen Diener. In der zitierten Szene ist er Anton, der ohne Bewusstsein und Kenntnis ihrer Gesetze und Möglichkeiten die deutsche Sprache benutzt, und der junge Gelehrte zugleich, der bekennt, dass er viele alte und fremde Sprachen studiert hat, nur nicht seine Muttersprache, sich dem Diener gegenüber aber besserwisserisch und hochnäsig inszeniert. Interessant ist, dass Anton seinem Herrn gegenüber schließlich damit auftrumpft, dass er von Hause aus Wendisch kann und damit eine Sprache beherrscht, die dem jungen Gelehrten fremd ist. Schließlich dreht Anton die Rollen um und schlägt seinem Herrn vor, ihm Wendisch beizubringen.[122] Deutsch war in Kamenz/Lausitz die Sprache der Herren, Wendisch die der Diener, was Lessing nur zu gut wusste. Bezogen auf seinen Weg zur deutschen Sprache, ist »Der junge Gelehrte«, den er 1747 als Neunzehnjähriger bühnenreif machte, ein sogenannter Schlüsseltext. »Ein junger Gelehrter war die einzige Art von Narren, die mir auch damals schon unmöglich unbekannt sein konnte. Unter diesem Ungeziefer aufgewachsen, war es ein Wunder, daß ich meine ersten satirischen Waffen wider das selbe wandte?«, sagte er später.

Wie gut Lessing auf St. Afra, trotz seiner Kritik an der beherrschenden Stellung des altsprachlichen Unterrichts und an der Didaktik seiner Latein- und Griechischlehrer, gelernt hatte, bezeugt der spätere Rektor der Thomasschule in Leipzig, der mit Lessing in dessen Leipziger Studentenzeit eine Weile auf einem Zimmer gewohnt hatte: »Wie ich von Coburg hieher auf die Universität kam, da zog ich mit einem zusammen, der schon ein Jahr da war, guter Leute Kind – ein Predigerssohn aus der Lausitz. […] Was hatte Gott dem Menschen für Gaben gegeben! Was konnte der für Griechisch und Latein! […] Was hätte aus dem werden können! Aber er hatte auch so einen Hang! Er hatte schon vorher viel deutsch gelesen, nun gewöhnte er sich auch deutsch zu schreiben und machte deutsche Verse. Nun gieng's immer weiter und war kein Halten's mehr. Er war mein bester Freund, er war mein einziger auf der ganzen Universität; aber ich zog von ihm, ich konnt's nicht mit ansehen. Er fieng sogar an Komödien zu schreiben. Und nun – nun wurd' er nach und nach – ach ich wag's nicht zu sagen! Frag' er nur die Leute, die's verstehen; der Kerl hieß – Lessing.«[123]

Im März 1745 muss Gotthold Ephraim sich vor der Schulleitung dafür verantworten, daß er die lateinische Semesterarbeit nicht abgeliefert hat und bekommt für dieses Versäumnis wieder einen Verweis. Er hat einfach keine Lust mehr, länger an dieser Schule zu bleiben, auf der er, wie er meint, nichts mehr von dem lernen kann, was ihn brennend interessiert. Der Rektor der Schule, der den aufmüpfigen Schüler gerne loswerden will, schreibt an Lessings Vater: »Er ist ein Pferd, das doppeltes Futter haben muß. Die Lektionen, die anderen zu schwer werden, sind ihm kinderleicht. Wir können ihn fast nicht mehr brauchen.«[124]

Gotthold Ephraim bedrängt seinen Vater um die Erlaubnis, die Schule verlassen zu dürfen, aber der lehnt ab, weil er sein Ziel, das Theologiestudium seines Sohnes, für gefährdet hält. Widerwillig muss Gotthold Ephraim in Meißen bleiben. Dort erlebt er im Winter 1745/46 hautnah die Schrecken eines der blutigsten Gemetzel des zweiten Schlesischen Krieges. Am 9. Dezember wird Meißen von den St. Afra direkt gegenüberliegenden Höhen am jenseitigen Elbufer von der preußischen Artillerie unter Beschuss genommen. Schüler und Lehrer flüchten in die mittelalterlichen Gewölbe des alten Klosters, aber die Schule bleibt verschont. Die preußischen Truppen nehmen plündernd die Stadt ein. Friedrich II. verbietet aber die Plünderung der Fürstenschule. Am 15. Dezember werden die sächsischen und österreichischen Truppen ganz in der Nähe bei Kesselsdorf von den Preußen vernichtend geschlagen und das Afraneum wird für Monate zu einem Lazarett und einem Sterbehaus. Lessing schreibt an seinen Vater, die Stadt sei einer »Todtengrube« ähnlich: »Alles ist voller Gestank und Unflath. [...] Es liegen in den meisten Häusern immer noch gegen dreißig bis vierzig Verwundete, zu denen sich niemand sehr nahen darf, weil Alle, welche nur etwas gefährlich getroffen sind das hitzige Fieber haben. [...] Es sieht aber wohl in der ganzen Stadt [...] kein Ort erbärmlicher aus, als unsere Schule«, die einen »Haufen Verwundeter« aufgenommen habe, von denen die wenigen in der Schule gebliebenen Schüler viel »Ungemach« zu erdulden hätten. Und weiter: »Das Coenacul [Speisesaal in Klöstern, M.K.] ist zu einer Fleischbank geworden, und wir sind gezwungen, in dem kleinen Auditorio zu speisen. Die Schüler, welche verreiset, haben wegen der Gefahr in Krankheiten zu verfallen, eben so wenig Lust zurückzukehren, als der Schulverwalter die drei eingezogenen Tische wieder herzustellen. Was mich anbelangt, so ist es mir um so viel verdrüßlicher hier zu sein, da S i e sogar entschlossen zu sein scheinen, mich auch den Sommer über, in welchem es vermuthlich zehnmal ärger sein wird, hier zu lassen. […] Doch ich mag von einer Sache, um die ich schon so oft gebeten, und die S i e doch kurzum nicht wollen, kein Wort mehr verlieren.«[125]

Lessings Drängen und der Brief seines Rektors bewogen den Vater schließlich im April 1746, das Entlassungsgesuch für seinen Sohn an die Schulaufsichtsbehörde zu stellen. Am 6. Juni wird dem stattgegeben und am 30. Juni hält Lessing seine Abschiedsrede über die Mathematik der Griechen und der von ihnen als Barbaren bezeichneten Völker. Ein Primaner antwortete, wie es in St. Afra Brauch war, mit einer Gegenrede über die »mathematischen Kenntnisse der Ameisen«. So gestaltete Lessing noch seinen letzten Auftritt im Afraneum als Kritik und Satire. Wie mag sich der Siebzehnjährige gefühlt haben, als er die Tür dieser »Fürstenschule« für immer hinter sich schloss?

Lessings »Studentenleben« in Leipzig

Bevor er im Wintersemester 1746/47 die Leipziger Universität bezog, lebte Lessing einige Wochen im Kamenzer Elternhaus, wo er im Verborgenen anakreontische Gedichte über Wein und Liebe schrieb, während der Vater glauben mochte, dass er sich auf das Theologiestudium vorbereitete, für das ihm der Stadtrat von Kamenz ein Stipendium bewilligt hatte. Im ersten Semester ging er auf der Suche nach neuen Quellen der Erkenntnis in alle möglichen Lehrveranstaltungen. Theologie studierte er nicht. Er genoss das freie Umherschweifen in den Wissenschaften, das ihm jeden Tag neue Einsichten und Erweiterungen seines Horizonts einbrachte. Oehlke schreibt, Lessings Leipziger Studienzeit zusammenfassend: »Er glaubte nicht, daß die Wissenschaft die Brücke sein müsse zum einträglichen Leben, daß derjenige die höchste Pflicht erfülle, der wacker das Tagespensum durchnimmt, den Blick starr auf die Anforderungen der Prüfungen gerichtet; daß demjenigen die Palme gebühre, dem das Studium nur die

Ouverture ist, zu Hausbau und Familiengründung. Als er sah, es gebe noch andere Wege als Bücher, um Wissen zu gewinnen, stürzte er ins Leben, zu neuen Erkenntnisquellen. Als er merkte, sein gesunder Geist und starker Charakter kämen mit dem kirchlichen Dogma nicht zurecht, verließ er die theologische Laufbahn. Als er die Gebundenheit des pädagogischen Studiums und seinen hochstrebenden Willen aneinander maß, gab er die Absicht auf, zu ›professieren‹. Nicht obwohl, sondern weil er die Wissenschaft liebte, hat er keines der Hauptämter angestrebt, zu denen die Fakultäten berechtigen.«[126] Um sein Studieren den schockierten Eltern gegenüber noch legitimieren zu können und einen offiziellen Status zu haben, behauptete er schließlich, Medizin zu studieren, die er offiziell als Nebenfach gewählt hatte, weil sein Stipendium von der Einschreibung in die Theologische Fakultät abhängig war. In Wölfels »Chronik von Lessings Leben« heißt es unter »1747«: »Lessing stellte das Studium zurück und lernte Tanzen, Fechten, Reiten und die Formen des gesellschaftlichen Umgangs. Bekanntschaft mit einer gleichaltrigen Schauspielerin der Neuberschen Truppe [...]. Lessing gibt den Schauspielern praktische Ratschläge und Hinweise und lernt selbst hundert unwichtige Kleinigkeiten.«[127]

Im Januar 1749, nach eineinhalb Jahren in Leipzig, rechtfertigt sich Lessing in einem langen Brief an die Mutter für seine Lebensweise und zieht damit gleichzeitig eine Art Bilanz seines bisherigen Bildungsweges, aus dem im Folgenden zusammenfassend zitiert wird: »Ich komme jung von Schulen, in der gewissen Überzeugung, daß mein ganzes Glück in den Büchern bestehe. Ich komme nach Leipzig, an einen Ort, wo man die ganze Welt im kleinen sehen kann. Stets bei den Büchern, nur mit mir selbst beschäftigt, dachte ich eben so selten an die übrigen Menschen als vielleicht an Gott. [...] Doch es dauerte nicht lange, so gingen mir die Augen auf: Soll ich sagen, zu meinem Glücke oder zu meinem Unglücke? Die künftige Zeit wird es entscheiden. Ich lernte einsehen, die Bücher würden mich wohl gelehrt, aber nimmermehr zu einem Menschen machen. Ich wagte mich von meiner Stube unter meines Gleichen. Guter Gott! Was vor eine Ungleichheit wurde ich zwischen mir und Andern gewahr. Eine bäuerische Schüchternheit, ein verwilderter und ungebauter Körper, eine gänzliche Unwissenheit in Sitten und Umgange, verhaßte Mienen, aus welcher jedermann seine Verachtung zu lesen glaubte, das waren die guten Eigenschaften, die mir, bei meiner eigenen Beurtheilung, übrig blieben. Ich empfand eine Scham, die ich niemals empfunden hatte. Und die Wirkung derselben war der feste Entschluß, mich hierin zu bessern, es koste was es wolle. Ich lernte tanzen, fechten, voltigieren. […] Ich kam in diesen Übungen so weit, daß mich diejenigen selbst, die mir im voraus alle Geschicklichkeit darinnen absprechen wollten, einigermaßen bewunderten. Dieser gute Angang ermunterte mich heftig. Mein Körper war etwas geschickter geworden, und ich suchte Gesellschaft, um nun auch leben zu lernen.« Es folgt ein langes Loblied auf die »Comödien«, aus denen er im Unterschied zu den »ernsthaften Büchern« sehr viel über das Leben gelernt habe, vor allem über sich selbst. Selbstkritisch schreibt er, es versäumt zu haben, bei einem Besuch in Kamenz den Eltern zu bekennen, dass er kein Theologe und Pfarrer werden wollte: »Und Sie werden sich zu erinnern belieben, gegen was ich mich auf Ihr dringendes Anhalten erklärte. Ich wollte Medicinam studiren. Wie übel Sie aber damit zufrieden waren, will ich nicht wiederholen. Bloß Ihnen zu Gefallen zu leben erklärte ich mich noch über dieses, daß ich mich nicht wenig auf Schulsachen legen wollte, und daß es mir gleich sein würde, ob ich einmal durch dieses oder jenes fortkäme.« Die Eltern hatten ihm Versprechungen abgerungen, die er bei seiner Rückkehr nach Leipzig, wo er sein Studentenleben sofort wieder aufnahm, »nicht befolgen konnte«. Um den Eltern nicht weiteren Verdruss zu bereiten, habe er sich entschlossen, nach Berlin zu gehen, um Geld zu verdienen. In ärmlichen Umständen, mit abgetragener

Kleidung, mit der er sich nirgends sehen lassen könne, sei er dort angekommen, schreibt er verbittert: »*Ich hätte längst unterkommen können, wenn ich mir, was die Kleidung anbelangt, ein besseres Ansehn hätte machen können.* [Hervorhebung im Text, M. K.] Es ist dieses in einer Stadt gar zu nöthig, wo man meistens den Augen in Beurtheilung eines Menschen trauet.« Seit einem Jahr schon bitte er die Mutter um die Mittel für neue Kleidung, aber sie schlage ihm diese Bitte ab, weil sie glaube, er wolle sich damit in schlechte Gesellschaft begeben. Und dann: »Nach Hause komme ich nicht. Auf Universitäten gehe ich jetzo auch nicht wieder.« Von seinem Stipendium könne er nicht leben und nicht seine Schulden bezahlen und den Eltern finanziell zur Last fallen wolle er auch nicht mehr: »Ich gehe ganz gewiss nach Wien, Hamburg oder Hannover. […] Wenn ich auf meiner Wanderschaft nichts lerne, so lerne ich mich doch in die Welt schicken. Nutzen genug! Ich werde doch wohl noch an einen Ort kommen, wo sie so einen Flickstein brauchen wie mich.«[128] Was für ein Brief an die Mutter, zwei Tage vor seinem 20. Geburtstag.

Gegen den Willen der Eltern:
Schriftsteller und Feuilleton-Redakteur in Berlin

Als Lessing diesen Brief schrieb, hatte er bereits einige Wochen erfolgreicher schriftstellerischer und journalistischer Tätigkeit hinter sich. Am 9. November 1748 hatte er in der »Berlinischen privilegierten Zeitung«, bei der sein Freund und Vetter Mylius inzwischen als Redakteur arbeitete, seinen ersten Artikel in der Rubrik »von gelehrten Sachen« veröffentlicht. Seine damit eröffnete Rezensententätigkeit an dieser Zeitung dauerte bis 1755. Sie bezog sich »auf nahezu alle Gebiete des geistigen Lebens, soweit sie literarisch erfaßt« waren, schreibt Wölfel. Er besprach englische, französische, italienische und spanische Literatur, setzte sich mit Gottscheds »Grundlegung einer deutschen

Sprachkunst« auseinander, schrieb die Lustspiele »Die alte Jung-fer« und »Der Mysogyne« und Gedichte für die von Mylius herausgegebene Zeitschrift »Naturforscher«. Er war angekom-men in der deutschen Sprache, die er bis hin zur vollendeten Meisterschaft zu gebrauchen lernte. Thomas Mann sagte in sei-ner Rede zum 200. Geburtstag Lessings zu dessen Sprache: »Sie erstrebt und erreicht einen ungemeinen Grad von Lebendigkeit, denn sie hat die Gabe der Mundgerechtigkeit und eines Sprech-akzents, der sie diskursiv und dramatisch macht.«[129]

Von Dessau nach Berlin: Der steinige Weg des Moses Mendelssohn zur deutschen Sprache

Seit Heinz Knoblochs 1979 erschienenem »Herr Moses in Ber-lin« ist es schwer, zur Kindheits- und Jugendgeschichte Mendels-sohns noch etwas Interessantes und Neues beizutragen. Es geht mir damit so, wie es Mendelssohn mit seinem Sokrates-Buch »Phädon oder über die Unsterblichkeit der Seele« erging, das er 1767 im Nicolai Verlag veröffentlichte. In der Vorrede schreibt er: »Ob ich auch etwas Neues habe, oder nur das so oft Gesagte anders vorbringe, mögen andere entscheiden. Es ist schwer, in einer Materie, über welche so viele große Köpfe nachgedacht haben, durchgehends neu zu seyn, und es ist lächerlich, Neu-heit affektieren zu wollen.«[130] Als er diese Sätze schrieb, ahnte er nicht, dass der »Phädon« sein erfolgreichstes Buch werden sollte, das ihn in ganz Europa berühmt machte.

Mendelssohns Bildungsbiografie hat eine kürzere Vorge-schichte als die Lessings. Wäre er ein Nachkomme des berühmten jüdischen Gelehrten und Amsterdamer Rabbiners Menasse ben Israel (1604–1657) gewesen, könnte man von seinen Vorfah-ren viel Interessantes berichten. Ich wähle Menasse ben Israel als

Vergleich, weil Moses Mendelssohn Menasses 1656 in London erschienene Schrift »Vindiciae Judaeorum« aus dem Englischen ins Deutsche übersetzen ließ und 1782, mit einer von ihm verfassten, berühmt gewordenen Vorrede unter dem Titel »Rettung der Juden«, im Nicolai Verlag veröffentlichte.

Faksimile des Titelblatts zur 1. Ausgabe von Mendelssohns »Phädon«

Der überlieferte »Stammbaum« Mendelssohns väterlicherseits beginnt mit seinem Vater Mendel Menachem Heymann,
der 1683, wahrscheinlich in Dessau geboren wurde. In der kleinen jüdischen Gemeinde Dessaus gehörte Mendel Heymann
zu den »Unbemittelten«. Er wurde ein sogenannter Schulklop-
fer, musste am frühen Morgen die frommen Juden zum Gebet
»herausklopfen«, kopierte als Thoraschreiber Texte aus den
Thorarollen für den Gottesdienst und unterrichtete schon Fünf-
jährige in der hebräischen Sprache. Moses nennt seinen Vater
einen »Zehngebotsschreiber oder Sopher«, das bedeutet einfach
»Schreiber«, kann aber auch in Anlehnung an die »Soferim«,
die ersten Schriftgelehrten, »Schriftgelehrter« bedeuten. Er war
wohl beides. In der Familienbiografie der Mendelssohns schreibt
sein Ur-Ur-Enkel Sebastian Hensel, Mendel Dessau, so nennt
er Moses Vater, sei ein gebildeter Mann gewesen, obwohl er ein
»armer, in untergeordneter Stellung lebender Jude« mit einem
»kümmerlichen Hausstand« gewesen sei.[131]
    Wie überall in Deutschland lebten die Juden auch in Dessau
abgesondert von der sie umgebenden »christlichen« Gesellschaft,
weitgehend ausgeschlossen vom bürgerlichen Wirtschaftsleben,
in einem kulturellen Ghetto, dessen Schattenseiten Sebastian
Hensel eindrucksvoll skizziert: »Die Nation verknöcherte, sie
verlor jeden weiteren Blick, aller Fortschritt stockte; sie hatte
ihre besondere Sprache, ein krasses Gemisch von Hebräisch und
Deutsch, ihre besondere Art, Haar, Bart und Kleidung zu tragen; das einzige Studium, außer Medizin, war das der religiösen
Bücher.« Diese Beurteilung der Verhältnisse, in die hinein Moses
Mendelssohn bzw. Moscheh ben Menachem, wie er als Kind
hieß, geboren wurde und in denen er bis in sein 14. Lebensjahr
aufwuchs, wird freilich von einem Nachfahren abgegeben, der in
einer zum Christentum konvertierten Familie der bürgerlichen

Oberschicht in der zweiten Hälfte des 19. Jahrhunderts aufgewachsen ist und im Gegensatz zu seinem Urgroßvater sich die »Emanzipation« nur als Assimilation in die bürgerliche Dominanzkultur seiner Zeit vorstellen konnte. Mehr noch als an der besonderen ökonomischen Marginalisierung machte sich diese negative Sichtweise auf das jüdische Leben vor der »Haskala«, der um 1750 einsetzenden jüdischen Aufklärung, an der Sprache fest. Der jüdische Historiker Heinrich Graetz schreibt: »Die Bibel, namentlich der Pentateuch, das alles in allem der Juden, war ihnen, obwohl ihn sehr viele auswendig konnten, wie nur je ein unverständliches Buch. [...] Im zarten Kindesalter brachten die polnischen Schulmeister – andere gab es nicht – mit der Zuchtrute und mit zornigen Gebärden der jüdischen Jugend bei, die ungereimtesten Verkehrtheiten in diesem heiligen Buche zu erblicken, verdolmetschten es in ihrer häßlichen Mischsprache und verquickten den Text so eng mit ihrer Übersetzung, daß es schien, als wenn Mose im Kauderwelsch der polnischen Juden gesprochen hätte.«[132] An anderer Stelle spricht Graetz sogar von der durch Polen verschuldeten »Verwilderung der Juden«. Ganz anders sieht das der 1933 in Breslau geborene Judaist Michael Graetz, Rektor der Hochschule für jüdische Studien in Heidelberg: »Der Hauslehrer-Bedienstete war in der jüdischen Gesellschaft des deutschen Kulturbereichs noch vor der Berliner Haskala eine bekannte Erscheinung. Hunderte von polnischen Talmudschülern wanderten bereits vor der Mitte des 18. Jahrhunderts westwärts, um bei Hofjuden oder in deren Umkreis eine Anstellung zu finden. [...] Gegen Mitte des 18. Jahrhunderts kamen zahlreiche Talmudschüler hinzu, die sich neben der Kenntnis der jüdischen Tradition auch durch ihr säkulares Wissen auszeichneten. Diese Paarung von Talmudgelehrtheit mit *chochma* (Wissenschaft), die sie weiterzugeben suchten, machte ihre Schüler für Gedanken der Aufklärung aufnahmebereit.«[133] Nicht wenige dieser Hauslehrer waren »Maskilim«, wie die Vertreter der Haskala genannt wurden. Friedrich II. erlaubte im Generalprivileg von 1750 der Berliner jüdischen Gemeinde 26 Lehrer mit dem Status von »ambulatorii«, das heißt, sie mussten die Stadt nach drei Jahren wieder verlassen. Auch Sebastian Hensel berichtet, dass die Kinderlehrer »fast durchgängig polnische Juden« waren, bezeichnet sie aber als Angehörige eines »fremden, unwissenden und kulturlosen Volkes«: »Verfolgung der Aufgeklärteren, Verbot jeder Spur von Bildung, beharrliches Zurückhalten auf dem einmal eingenommenen Standpunkt war die Lebensaufgabe«, die sie sich gestellt hatten. »Sie ahnten, daß bei allgemeiner Bildung es um ihre Herrschaft geschehen sein würde, und so stempelten sie jede Abweichung von der gewohnten Sitte oder Unsitte zum Sakrilegium: richtig deutsch sprechen, lesen eines deutschen Buches war Ketzerei.«[134] Mit weniger bürgerlichen Vorurteilen beladen als sein ihn verehrender Urenkel schreibt Mendelssohn: »Die bürgerliche Unterdrückung, zu welcher uns ein zu sehr eingerissenes Vorurtheil verdammt, liegt wie eine todte Last auf den Schwingen des Geistes, und macht sie unfähig, den hohen Flug der Freigeborenen jemals zu verstehen. […] Es ist nicht unsere Schuld, allein wir können nicht läugnen, daß der natürliche Trieb zur Freiheit in uns alle Thätigkeit verloren hat.«[135]

Isaak Euchel, der 1776 als junger Mann ein Schüler und Freund Mendelssohns wurde, veröffentlichte 1778 für jüdische Kinder und Jugendliche in hebräischer Sprache eine der ersten Mendelssohn-Biografien.[136] Ihr ist der folgende Text entnommen, der knapp und anschaulich die Bildungsgeschichte des Knaben Moscheh ben Menachem in Elternhaus und Schule bis zu dem Tag erzählt, an dem er zu Fuß nach Berlin gegangen ist: »Am 12. Elul des Jahres 5489 zeugten der Thoraschreiber und Kinderlehrer der frommen Gemeinde Dessau Mendel und seine Ehefrau Süße (Sara) den Moscheh – Heil! Euch, Ihr Eltern des Frommen! Denn lieblich ist Euer Los. […]. Ihr aber hört, die

Ihr die Wahrheit liebt: Thoraschreiber und Kinderlehrer war der Vater des Moscheh. Ihr wißt wohl, wie niedrig und verachtet dieser Beruf ist: nur wer Zuflucht vor Hungers Plagen sucht, ergreift ihn. Weder Reichtum noch Ehre blüht diesen Männern. […] Trotzdem hat dieser Vater seinen Sohn erhalten, bis er die Heimat verließ; und schickte ihn nicht fort, bis er selbst danach verlangte. Moscheh wurde in die Schule gebracht und lernte dort wie alle jüdischen Kinder die talmudischen Gesetze über Gittin und Gidduschin, Nisak und Masik (Scheidung und Ehe, Schaden und Schadensersatz) u. dgl.: lauter Dinge also, die weit über das Fassungsvermögen der Kinder hinausgehen – lange bevor sie noch einen Satz aus der Bibel richtig lesen können. Hier ist auch eine Äußerung seines Freundes und Schülers, des Herrn David Friedländer zu erwähnen. Oft habe er aus Mendelssohns eigenem Munde gehört: selbst im Winter stand der Vater früh auf und brachte ihn nach dem Beth Hamidrasch, als er kaum sieben Jahre alt war. Den zarten und schwächlichen Knaben hüllte er in seinen Mantel und trug ihn auf dem Rücken in die Schule; es mochte wohl drei oder vier Uhr des Morgens sein, und das Kind hatte außer einem Glas heißem Tee noch nichts zu sich genommen. Schon mit sechs Jahren lernte er aus dem Talmud und seinen Kommentaren. Aber bald erkannte er, daß nicht dies der Weg zum Wissen sei – denn es ist ja nicht möglich, den Sinn eines Satzes zu begreifen, ohne die Grammatik der Sprache zu kennen. Darum lernte er mit großem Fleiße Bibel und Grammatik. Und zwar lernte er Talmud bei seinem berühmten Lehrer Rabbi David Fränkel, dem Verfasser des Buches Korban Eda – die Bibel aber lernte er ohne Lehrer. Einer seiner Jugendfreunde in Berlin erzählte mir später, er habe fast die ganze Bibel auswendig gekonnt. Auch gewöhnte er sich daran ein reines Hebräisch zu schreiben. […] Zu dieser Zeit fiel ihm des Maimonidis More Nebuchim (Führer der Verirrten) in die Hand; er fand ihn so scharfsinnig und mühte sich um ihn Tag und Nacht, bis er ihn ganz durchdrungen hatte. Darum vergaß er es ihm bis an sein Lebensende nicht, daß Maimonidis die erste Quelle gewesen war, an der er seinen Wissendurst hatte löschen dürfen. [...] Als Moscheh dreizehn Jahre alt war, ging sein Lehrer nach Berlin. Der verlassene Schüler blieb im Hause seines Vaters zurück und wußte nicht, wie er weiter lernen sollte. Einen Hausierhandel zu beginnen, wie es die meisten unserer jüdischen Jungen nach der Barmizwah zu tun gezwungen sind, das erschien in seinen Augen wie Distel und Dorn. So bat er seinen Vater und drängte ihn sehr, ihn nach Berlin ziehen zu lassen. Endlich erlaubte er es. So ging der Knabe mit vierzehn Jahren nach Berlin.«[137] Isaak Euchel war einer der nach Berlin eingewanderten Hauslehrer, der unter dem Einfluss Mendelssohns ein jüdischer Aufklärer, ein Maskilim, wurde und einer der führenden Köpfe der Haskala war.

Mendelssohns Mutter wird in der Literatur kaum erwähnt. Friedrich Battenberg berichtet, dass Mendelssohn seinen Vornamen nach Moses Isserles, einem berühmten Vorfahren mütterlicherseits, erhalten habe.[138] Dieser jüdische Gelehrte wurde 1525 in Krakau geboren, wo er 1572 auch starb.[139] Isserles' Vater war einer der Honoratioren der Krakauer jüdischen Gemeinde. Selbst Talmudgelehrter, schickte er seinen Sohn zum Studium auf eine berühmte Schule nach Lublin. Isserles heiratete die Tochter des Schulleiters, die jung starb. Zu ihrem Andenken ließ er die im Krakauer Stadtteil Kazimierz noch heute bestehende Remuh-Synagoge erbauen. »Neben dem Talmud studierte Isserles auch Philosophie, Astronomie und Geschichte. Schon als junger Mann galt er als herausragender Gelehrter [...]. In der Folge gründete er eine eigene Jeschiwa und unterstützte seine Studenten aus eigenen Mitteln. Als *Posek* verfasste er halachische Entscheidungen, die für das ganze aschkenasische Judentum verbindlich wurden. Isserles war auch Sofar und schrieb eine Torarolle nach den Regeln aus einem alten Manuskript [...]. Seine Zeitgenossen bezeichneten Isserles als Maimonidis des polnischen Judentums.«[140] Zu seinem Grab neben seiner Synagoge in Krakau pilgerten an seinem Todestag, bis zur Vernichtung der polnischen Juden durch die Nationalsozialisten, jedes Jahr Tausende seiner Verehrer. Warum taucht dieser berühmte jüdische Gelehrte, dessen Namen

Faksimile des Titelblatts zu Maimonidis'
»Logica« der Ausgabe von 1761

die Eltern ihrem einzigen Sohn gegeben haben (sie hatten noch zwei Töchter) nicht in der von Mendelssohns Urenkel geschriebenen Familienbiografie auf, in der auch der Name der Mutter nicht genannt wird? Vielleicht, weil es sich um die mütterliche Linie handelt und die Mütter von unseren Geistesheroen, mal abgesehen von Frau »Rat«, der Mutter Goethes, in der Regel übergangen werden, in der Annahme, dass sich die geistigen Fähigkeiten herausragender Denker nur über die männliche Linie »vererben«. Jenseits jeder Vererbungstheorie lassen sich bezogen auf den intellektuellen Zuschnitt und geistigen Horizont zwischen dem Krakauer Moses aus dem Jahr 1525 und dem Dessauer Moses aus dem Jahr 1727 erstaunliche Parallelen finden: Die Leidenschaft für eine gute Sprache in Rede und Schrift, das pädagogische Engagement, die frühe Hinwendung zur Philosophie, das Wirken auf dem Gebiet des Rechts, die Mildtätigkeit, die Kombination von religiösen und weltlichen Studien, vor allem aber die »universalistische Lebensauffassung« im Zusammenhang mit den Werken jenes anderen Moses, des sephardischen Rabbi Moses ben Maimon, der unter dem Namen Maimonidis einer der bedeutendsten Philosophen des Mittelalters wurde. Moses Isserles und Moses Mendelssohn betrachteten ihn als ihren wichtigsten Lehrer. Wesentliche Impulse ihres jeweiligen Lebenswerkes erhielten sie aus dem Studium des Hauptwerkes des Maimonidis »Moreh ha-Nebukim« (Führer der Unschlüssigen). Mit seinem »Wegweiser« wollte Maimonidis »demjenigen eine Anleitung geben, der der Religion kundig und mit dem Gesetz vertraut ist, der an die Wahrheit der Torah glaubt und in seinem Glauben und Charakter untadelig ist, der aber Philosophie studiert hat und ihre Probleme kennt und den die menschliche Vernunft angezogen hat«, heißt es in einem Kommentar zu diesem Werk.[141] Von orthodoxen jüdischen Gelehrten wurde das Buch seit seinem Erscheinen abgelehnt, weil Maimonidis darin den Versuch unternahm, mit Bezug auf die aristotelische Philosophie, Vernunft und Glauben an eine Offenbarungsreligion mithilfe wissenschaftlicher Argumente miteinander zu verbinden. Ähnlich erging es Mendelssohn mit seinem »Phädon«, in dem er die Gedanken des Sokrates über die Unsterblichkeit der Seele popularisierte.

Die große Bedeutung der Religionsphilosophie des Moses ben Maimon für seine geistige Entwicklung hat Mendelssohn gegenüber seinen Freunden immer wieder betont. Der zum engeren Bekanntenkreis Mendelssohns gehörende Pädagoge und Publizist Johann Georg Müchler berichtet: »Dieses Hauptwerk der neueren hebräischen Literatur [es wurde 1190 veröffentlicht, M.K.] welches die Begriffe von Gott, von Geist, von Unsterblichkeit der Seele, und fast alle übrigen Gegenstände der natürlichen Religion und Moral abhandelt, und als Kommentar der Bibel betrachtet, gleichsam die Metaphysik der Bibel ist, zog ihn unwiderstehlich an sich, und legte in ihm den ersten Grund zur Untersuchung der Wahrheit und zu freymüthiger Denkungsart. M e n d e l s s o h n pflegte in der Folge selbst dieß Buch die Quelle seiner Philosophie zu nennen, und von dem übertriebenen Fleiße und der heißhungrigen Wißbegierde, mit welcher er dasselbe in noch so frühem Alter studirte, einen großen Theil der Kränklichkeit abzuleiten, welche in späteren Zeiten die unzertrennliche Gefährtin seines Körpers war. [...] D e m M a i m o n i d e s , sagte er oft scherzend, habe ichs zuzuschreiben, daß ich einen so verwachsenen Körper bekommen. Er allein ist die Ursache davon, aber deßwegen liebe ich ihn doch; denn der Mann hat mir manche trübe Stunde meines Lebens versüßt, und so auf der einen Seite mich zehnfach für das schadlos gehalten, um was er mich in Betracht meines körperlichen Wuchses wider seinen Willen gebracht hat.«[142] Dazu findet sich in derselben Quelle noch eine Anekdote: »Einst befand er sich in einer Gesellschaft von Gelehrten, wo auch Sulzer, Ramler, Lessing usw. gegenwärtig waren. Man war sehr heiter, und endlich gerieth einer auf den Einfall, daß jeder aus dem Stegreif ein Spottgedicht auf sich selbst machen sollte. Mendelssohn bedachte sich nicht lange, und recitirte folgende Verse: *Groß nennt Ihr den Demosthen / Den stotternden Orator von Athen / Aesop, der Hökrige, gilt Euch für Weise / Triumph! Ich werd in Eurem Kreise / Gedoppelt groß und weise sein*

/ Der glücklich ich in mir verein' / Was man getrennt im Demosthen / Und im Aesop gehöret und gesehn.« Diese Szene fand in dem von Müchler gegründeten »Gelehrten Kaffeehaus« statt, in dem sich die literarische und philosophische Avantgarde Berlins traf.

Dass der Knabe Moscheh schon als Dreijähriger bei dem berühmten Dessauer Rabbiner David Hirschel Fränkel im Talmud unterrichtet wurde und von diesem Lehrer etwa im zehnten Lebensjahr mit der Philosophie des Maimonidis vertraut gemacht wurde, belegt, dass dieses Kind, anders als die große Mehrheit der jüdischen Schüler seiner Zeit, nicht von polnischen Wanderlehrern unterrichtet wurde. Offenbar legten seine Eltern großen Wert auf eine erstklassige Bildung ihres Sohnes. Die Armut der Eltern wird in allen Quellen bezeugt. Die mangelhafte und unzureichende Ernährung des Knaben wird dazu beigetragen haben, dass sein kindlicher Körper den Strapazen des ihm vom Vater auferlegten Leistungsdrucks nicht gewachsen war. Heinrich Graetz schreibt: »Moses Mendelssohn war ebenso unscheinbar und elend, wie fast alle ärmlichen jüdischen Kinder. Die Knechtsgestalt trugen damals meistens schon die jüdischen Neugeborenen in der Wiege.«[143]

Der junge Moses Mendelssohn in Berlin – Selbstbehauptung gegen Diskriminierung und Unterdrückung

Als sein Lehrer Fränkel 1743 auf die Stelle des Oberrabbiners nach Berlin berufen wurde, war für Moscheh die Schulzeit zu Ende. Er sollte »Handelsjude werden, mit dem Pack auf dem Rücken die Dörfer durchwandern und sich sein Brot verdienen«, weil der Vater für »weiteres Studieren« das Geld nicht aufbringen konnte. Das sei der »kritische Wendepunkt« im Leben des damals Dreizehnjährigen gewesen, schreibt Hensel: »Indes zum Glück schreckten die fast unüberwindlichen Schwierigkeiten, die auf dem Wege zu den Wissenschaften lagen, die drohenden Jahre des Mangels, der Gedanke, in eine wildfremde feindliche Umgebung gestoßen zu werden, den Knaben nicht ab, und mit 14 Jahren wanderte der kleine, mißgestaltete und schüchterne Mensch allein und mittellos nach Berlin, zum Rosenthaler Tor ein, dem einzigen, durch das fremde Juden einpassieren durften, um wieder in der Nähe seines geliebten Lehrers Rabbi Fränkel zu sein; denn dieser, das fühlte er dunkel, konnte ihm den Weg zu höherer Bildung zeigen.«[144]

Zu den »fast unüberwindlichen Schwierigkeiten« gehörte, dass Moses, wie er sich nun nannte, die deutsche Sprache nicht richtig lesen, schreiben und sprechen konnte. Was dieses »nicht richtig« wirklich bedeutete, ist schwer zu entscheiden. Sebastian Hensel ist in der Beurteilung sehr entschieden: »Um 1744 tat er den ersten wichtigen Schritt auf der Bahn der Bildung – er lernte Deutsch«[145], und der jüdische Historiker des Berliner Judentums Geiger sagt: »Mendelssohn lernte schwer deutsch schreiben.«[146] Seine gelehrte Sprache war Hebräisch, aber war seine Alltagssprache Jiddisch?

Jiddisch ist eine eigenständige Sprache mit einer langen Geschichte. In ihren Anfängen eine Art Dialekt des Mittelhochdeutschen, wurde sie durch die Vertreibung der Aschkenasim aus Deutschland im Mittelalter von der Entwicklung einer neuhochdeutschen Schriftsprache getrennt und ging fortan eigene Wege. Die jüdischen Intellektuellen Europas sprachen und schrieben Hebräisch und markierten damit, wie Moses Isserles in seiner Krakauer Jeschiwa, bewusst ihre kulturelle Eigenständigkeit gegenüber den lateinisch sprechenden christlichen Intellektuellen. Wahrscheinlich wuchs Moses Mendelssohn während seiner Dessauer Kinder-und Jugendjahre zweisprachig mit Jiddisch und Hebräisch auf.

Als der jugendliche Mendelssohn 1743 in Berlin ankam, musste er die Erfahrung machen, dass, im Zuge der zu dieser Zeit forcierten Entwicklung des Hochdeutschen zur Sprache der Gebildeten, seine Muttersprache Jiddisch zu einem Kauderwelsch, einem »lächerlichen Jargon«, wie er selbst sagte, abgewertet wurde. Auch in der Diskriminierung der Jiddisch sprechenden polnischen Wanderlehrer spiegelt sich diese Entwicklung. Nicht nur von vielen um die Hebung der deutschen Sprache bemühten Intellektuellen des aufstrebenden Bürgertums wurde das Jiddische verächtlich gemacht, sondern mehr und mehr auch von gebildeten Juden selbst, die den Anschluss an die Sprachentwicklung suchten, um sich aus ihrer sozialen und kulturellen Isolation zu befreien. Berlin war das Zentrum einer Sprachbewegung, das jüngere intellektuelle Juden aus Polen, Böhmen, den baltischen Ländern und Russland anzog. Solche Männer lernte der jugendliche Moses im Umfeld seines Lehrers Fränkel kennen. Der hatte ihn als Schüler aufgenommen, beschäftigte ihn gegen ein geringes Entgelt mit »Abschreiben«, verschaffte ihm vier »Freitische« in der Woche und eine kleine Dachstube, in der er wohnen konnte.

Bei Fränkel lernte Moses den 1700 geborenen polnischen Juden Israel Moses Levi aus Samosc kennen, der ein Jahr vor ihm nach Berlin gekommen war. Samosc, wie er nach seiner Heimatstadt genannt wurde, gab Mendelssohn ein von ihm 1741 in hebräischer Sprache veröffentlichtes Buch, in dem er »talmudisches Wissen mit Mathematik und Astronomie« verband und seine »Kommentare zu Werken mittelalterlicher jüdischer Philosophie«.[147] Samosc führte Moses in das Haus des jüdischen Bankiers Daniel Itzig ein, der zu den wenigen privilegierten sogenannten Münzjuden Friedrichs II. gehörte. Dort machte er ihn mit zwei jungen Männern bekannt, die beide Ärzte werden wollten und für ihn zu Vorbildern wurden: dem 1723 geborenen Aaron Salomon Gumpertz, dessen Vater wie Itzig zu den in Preußen privilegierten Juden gehörte, und den aus Prag nach Berlin gekommenen, 1725 geborenen Abraham Kisch. Gumpertz und Kisch wurden von Samosc in Mathematik und Philosophie unterrichtet und mit der Literatur der sephardischen Juden Spaniens vertraut gemacht. Moses konnte an diesem in Hebräisch gehaltenen Unterricht teilnehmen. Mit diesen beiden etwas älteren Mitschülern verband ihn bald eine Freundschaft. Sie ermutigten ihn, Englisch, Französisch und Latein zu lernen und halfen dem sprachbesessenen Jugendlichen dabei. Gumpertz vermittelte ihm erste Kenntnisse der Leibniz'schen und Wolff'schen Philosophie und machte ihn mit der zeitgenössischen deutschen Literatur bekannt. Vor allem aber: Beide Freunde sprachen Deutsch und verkehrten in den gebildeten christlichen Kreisen Berlins, in die sie bald auch ihren Mitschüler einführten. Gumpertz war mit einem Lehrer des Joachimsthalschen Gymnasiums befreundet, der um sich einen Kreis fähiger junger Leute gesammelt hatte, mit denen er »über philosophische Materien zu ihrer Übung disputierte«. Zu diesen Zusammenkünften nahm Gumpertz Moses mit.[148] Über Gumpertz lernte Mendelssohn schließlich, elf Jahre nach seiner Ankunft in Berlin, auch Lessing kennen. Davor liegt der schwere Weg des jungen Moses Mendelssohn zur deutschen Hochsprache, deren Aneignung in seinen ersten zehn Berliner Jahren im Mittelpunkt stand.

Kritiklos übernahm Mendelssohn die Herabwürdigung des Jiddischen, das auch er zeitlebens als Kauderwelsch bezeichnete. Wer wollte ihm das, vom heutigen Stand aus gesehen, verübeln? Dass allein die bedingungslose Hinwendung zum Hochdeutschen ihn aus dem sozialen und kulturellen Ghetto der Juden befreien würde, hatte er bald erkannt und daran arbeitete er mit einer unglaublichen Energie, gegen alle Widerstände, die sich ihm in den Weg stellten. Da waren zunächst die miserablen äußeren Lebensbedingungen. Hensel spricht von »Jahren des bittersten Elends«: »Seine Armut war so groß, daß er an dem Brote, welches er sich wöchentlich als Nahrung kaufte, mit Strichen die täglichen Rationen bezeichnete; weiter durfte er nicht essen, sonst hatt er am Ende der Woche gar nichts!«[149] Bücher musste er sich bei seinen Freunden ausleihen oder kaufte sie bei »Trödeljuden«.

Mendelssohns Armut hatte erst ein Ende, als er, auf der Grundlage seiner in den sieben Hungerjahren erworbenen Kenntnisse, bei dem wohlhabenden Seidenfabrikanten Bernhard Hauslehrer für dessen Kinder wurde.

Schlimmer als die Armut waren soziale Barrieren, die Mendelssohn in seinem leidenschaftlichen Streben Deutsch zu lernen, überwinden musste. Hensel berichtet, dass jüdischen Kindern und Jugendlichen in der Regel alle »christlichen Bildungsquellen« verschlossen waren, weil sie von der christlichen Mehrheitsgesellschaft »ebensowenig als gleich hoch organisierte, bildungsfähige Menschen, wie dies noch heutigen Tages in Amerika mit den Negern geschieht« anerkannt wurden. Ebenso schlimm sei die Intoleranz der jüdischen Gemeindevorsteher und Rabbiner gewesen. Vor ihnen habe Mendelssohn seine Studien »sorgfältig verheimlichen [müssen], um nicht seine Ausweisung aus Berlin zu gewärtigen«.[150] Die Abwehr der Oberhäupter jüdischer Gemeinden gegen deutsche Bildung resultierte aus der berechtigten Angst, dass die im Zeichen der Toleranz sich anbahnende Annäherung zwischen aufgeschlossenen jungen Juden und Christen/Deutschen in Wirklichkeit nicht zu einer Akzeptanz des Judentums führen würde, sondern zu seiner Zersetzung und schließlichen Auflösung. Berlin wurde das Zentrum dieser Bedrohung genau zu dem Zeitpunkt, als Moses, im dritten Jahr der Regierung Friedrichs II., dort ankam.

Ein in der Mendelssohn-Literatur immer wieder angeführtes Beispiel für die als dogmatische Ignoranz bewertete Überreaktion der Gemeindeoberhäupter sei hier in einer weniger bekannten Version zitiert: »Die Rabbiner predigten gegen diejenigen, welche die deutsche Sprache gründlich erlernen und sich dadurch den Christen nähern wollten, und es wurden in Berlin, als sich unter den aufgeklärten Juden nach Friedrichs II. Thronbesteigung die Neigung zeigte, sich höhere Bildung anzueignen, strengere Maßregeln gegen diese Ketzereien ergriffen. Die Vorsteher der jüdischen Gemeinde hatten nämlich mancherlei Rechte, die uns jetzt freilich sonderbar erscheinen, die aber in den ausnahmsweisen Verhältnissen begründet waren, in denen damals die Juden lebten. So standen die auswärtigen Juden ganz unter der polizeilichen Aufsicht des jüdischen Gemeindevorstandes, der sie seine Gewalt auch kräftig fühlen ließ, und unter anderm Alle mit Verweisung aus der Stadt bedrohte, welche sich mit ›christlichen Studien‹ abgaben. Dieses Schicksal hätte den armen Mendelssohn auch beinahe betroffen. Er hatte einen anderen Judenknaben der noch ärmer war als er, kennen lernen und lieb gewonnen; er unterrichtete ihn im Lesen und Schreiben und theilte öfters sogar sein kümmerliches Brot mit ihm. Dieser suchte ihm seine Dankbarkeit durch kleine Dienstleistungen zu beweisen. Als er seinem jungen Lehrer einmal aus einem Buchladen oder bei einem Antiquar ein deutsches Buch geholt hatte, begegnete ihm ein jüdischer Armenverweser, der ihm das Buch aus der Hand riß, ihn zum Voigte schleppte und diesem den Befehl gab, ihn aus der Stadt zu verweisen. Mendelssohn gab sich zwar alle Mühe, ihm die Erlaubniß zur Rückkehr zu erwirken, allein die Fürsprache eines armen, unbeachteten Jünglings mußte natürlich erfolglos bleiben.«[151] Der arme »Judenknabe« hieß Bleichröder. Sein Enkel war später Bankier und Finanzier Bismarcks.[152] In dieser Geschichte spiegelt sich die gesellschaftliche Situation der Berliner Juden, die die Jugendlichen Moses und Bleichröder vorfanden, als sie in dieser Stadt ihr Fortkommen suchten. Der Vorstand der jüdischen Gemeinde spielte die Ausländerpolizei gegenüber »fremden« Juden nicht freiwillig und aus angemaßter Gewalt, wie die Erzähler der Geschichte unterstellen. Ihre »mancherlei Rechte« waren in Wirklichkeit ihnen von den preußischen Alleinherrschern aufgezwungene und abgenötigte demütigende Pflichten, deren Ausübung, wie immer in solchen Zwangssystemen, leicht brutale Formen gegenüber den Schwächsten auf der sozialen Stufenleiter annehmen konnten. Als Mendelssohn 1743 nach Berlin kam,

»gehörte er nach den materiellen oder beruflichen Kriterien nicht zu den im Staate geduldeten Juden. Nur dank der Intervention seines Lehrers, des Rabbiners Fränkel, der einen wohlhabenden Schutzjuden dazu bewogen hatte, den mittellosen Talmudschüler in seinem Haus aufzunehmen, wurde ihm das Recht des Aufenthalts gewährt. Er profitierte vom Schutzstatus des Reichen.«[153] Trotz und neben der gegen die Juden gerichteten harten Politik des Königs, war Berlin als Haupt- und Residenzstadt des aufstrebenden preußischen Staates für bildungshungrige junge Juden, die tradierte kulturelle Barrieren überwinden und ihre Erkenntnishorizonte erweitern wollten, die Stadt in Deutschland, in der sie sich eine bessere Zukunft vorstellen konnten. Die anderen Hauptstädte des Heiligen Römischen Reiches mit großen jüdischen Gemeinden – Prag, Wien und Budapest – konnten in Sachen Aufklärung nicht mit Berlin konkurrieren. Das galt, wenn auch mit sehr anderem Kontext, auch für christlich-deutsche Altersgenossen Mendelssohns, wie z. B. Mylius und Lessing. Moses Mendelssohn musste den steinigen Weg seiner Selbstfindung und der Reform des Judentums in einer doppelten Bedrückung gehen: Im Innern war es die Orthodoxie und harte Zucht der Gemeinde-Ältesten – trotzdem blieb die jüdische Gemeinde Berlins der soziale Ort, zu dem er gehörte und immer gehören wollte – und im Äußern die die Gemeinde und jedes ihrer Mitglieder mehr oder weniger hart bedrückende und bedrängende Diskriminierung der Juden im Berlin Friedrichs II.

In dem guten Jahrzehnt zwischen der Ankunft des vierzehnjährigen Moscheh ben Menachem in Berlin und dem Beginn der Freundschaft des fünfundzwanzigjährigen Moses Mendelssohn mit dem gleichaltrigen Gotthold Ephraim Lessing und wenig später mit dem einundzwanzigjährigen Friedrich Nicolai, hatte er Deutsch gelernt, konnte Englisch und Französisch lesen und übersetzen und hatte es so weit gebracht, dass er Texte der Philosophen des Altertums in den klassischen Sprachen lesen konnte.

In der Kommunikation mit jüdischen Gelehrten sprach und schrieb er weiterhin Hebräisch. Neben der Philosophie des Altertums hatte er sich weiter mit der Religionsphilosophie des Mittelalters befasst. Mit besonderer Energie aber studierte er die Denker der Frühaufklärung wie Locke, Pascal, Montesquieu und vor allem auch die Deutschen Leibniz und Wolff. Die nach Mendelssohns Tod lange dominante Lesart, Mendelssohn sei erst durch

Moses Mendelssohn als junger Mann

Lessing zu einem gebildeten Mann geworden und habe durch ihn alle wesentlichen Impulse für sein Schaffen bekommen, beruhte auf einer bewussten Geschichtsfälschung von Literatur-Historikern, die es nicht ertragen konnten, dass der deutsche Heros Lessing auf Augenhöhe mit einem Juden zusammenarbeitete und befreundet war.

In den Monaten des Jahres 1754, in denen sich diese Freundschaft entwickelte, bereitete Mendelssohn zusammen mit seinem Freund Bock die Herausgabe der ersten hebräischen Zeitschrift der Haskala vor. Mit dem »Kohelet mussar« (»Der Moralprediger«) wollten die Herausgeber jüdischen Lesern Gedanken der bürgerlichen Aufklärung von Philosophen und Schriftstellern wie Locke, Shaftsbury, Pope, Leibniz, Wolff nahebringen. Es erschienen nur zwei Ausgaben des »Kohelet mussar«, dann wurde die Wochenschrift auf Betreiben orthodoxer Kräfte eingestellt. Mendelssohn und Bock hatten die Zensoren der Berliner jüdischen Gemeinde nicht um eine Erlaubnis für ihr Vorhaben ersucht. Sie werden gewusst haben, dass es abgelehnt worden wäre.

Das Ungewöhnliche und Neue an Mendelssohns Beiträgen im »Kohelet mussar« war seine Botschaft an die gebildeten Juden seiner Zeit: dass die Aneignung der »schönen Wissenschaften«, vornehmlich der neuen Literatur der Aufklärung, ein Weg zur Befreiung aus den tradierten Unmündigkeiten sein könne, auf dem ein neues offenes Verhältnis zur Sprache überhaupt, besonders aber zur deutschen Sprache erreicht werden könne. Dieser Weg führte aber nicht über das Jiddische, sondern über das Hebräische zur gerade festere Gestalt annehmenden hochdeutschen Sprache. Wie Lessing und Nicolai war Mendelssohn überzeugt, dass es einen »engen Zusammenhang zwischen Sprache und Denkfähigkeit« und »zwischen einer reinen, gepflegten Sprache und der Vernunft und Bildung des Menschen« gibt.[154] Diese gemeinsame Überzeugung führte, neben aller persönlichen Sympathie, zu der »literarisch-kritischen Bundesgenossenschaft« der Freunde.[155]

Der Bericht über die Bildungsgeschichte Moses Mendelssohns soll hier mit der Erinnerung an eine Affäre abgeschlossen werden, die damals in Deutschland großes Aufsehen erregte. Der Göttinger Theologieprofessor Johann David Michaelis hatte in einem Kommentar zu Lessings Schauspiel »Die Juden« bezweifelt, dass es einen so edlen Juden, wie Lessing ihn dargestellt hatte, überhaupt geben könne. Mendelssohn reagierte auf diese Diskriminierung der Juden mit einer scharfen öffentlichen Kritik. Die Kontroverse fand ganz zu Beginn der Freundschaft zwischen Lessing und Mendelssohn statt. Am 10. Oktober 1754 schrieb Lessing an Michaelis, darauf Bezug nehmend, über Mendelssohn: »Er ist wirklich ein Jude; ein Mensch von etlichen zwanzig Jahren, welcher, ohne alle Anweisung, in Sprachen, in der Mathematik, in der Weltweisheit, in der Poesie, eine große Stärke erlangt hat. Ich sehe ihn im voraus als eine Ehre seiner Nation an [...].«[156] Gut zweihundert Jahre später schrieb Andreas Nachama in seinem schönen Büchlein »Jiddisch im Berliner Jargon«: »Seit dem von Moses Mendelssohn initiierten Aufbruch aus dem Ghetto sprechen die in Deutschland lebenden Juden Deutsch – und zwar nicht nur im Geschäftsverkehr, sondern auch zu Hause.«[157]

Christoph Friedrich Nicolai:
Ein Berliner Junge aus gutem Hause

In den mir zur Verfügung stehenden Quellen beginnt die Geschichte Friedrich Nicolais mit ein paar Sätzen über seinen Großvater mütterlicherseits, den Wittenberger Bürgermeister und Buchhändler Gottfried Zimmermann. Christoph Gottlieb Nicolai, Friedrichs Vater, wahrscheinlich auch ein Wittenberger, arbeitete in Zimmermanns Buchandlung als »Handlungsgehilfe« und heiratete dessen Tochter Maria Justina. Da ihr Vater zu den Wittenberger Patriziern und Honoratioren gehörte, muss sein Mitarbeiter »von Stande« und tüchtig gewesen sein, sonst hätte er ihm seine Tochter nicht mit einer ansehnlichen Mitgift zur Ehefrau gegeben. Die Mitgift bestand in einer Berliner Verlagsbuchhandlung, die mindestens seit 1682 bestand. 1712 verkaufte der Inhaber Johann Wilhelm Meyer das Geschäft an seinen

Schwager Zimmermann, der es 1712 an den Verlobten seiner Tochter übereignete. Christoph Gottlieb Nicolai beantragte beim preußischen König Friedrich I. die Übertragung des 1703 seinem Vorgänger erteilten »Generalprivilegs«, was ihm am 3. Mai 1713 auch bewilligt wurde. Der Nicolai Verlag betrachtet dieses Datum als seinen Gründungstag.[158] Diese Privilegierung ermöglichte es Nicolais Vater, eine Familie zu gründen. Im November 1714 konnte er seine Verlobte Maria Justina heiraten. Als ihr jüngstes und letztes Kind Friedrich am 18. März 1733 geboren wurde, hatte sie schon vier Söhne und drei Töchter zur Welt gebracht. Sie starb, als Friedrich fünf Jahre alt war. Als spätgeborener Nachkömmling, einige seiner Geschwister hatten das Elternhaus schon verlassen, war Friedrich nach dem Tod der Mutter schon als kleines Kind weitgehend sich selbst überlassen, »da sein Vater die meiste Zeit in der vom Wohnhause entfernten Buchhandlung zubrachte«.[159] Der Vater wird als ein Mann mit einem »religiös ernsten und sittlich würdigen Charakter« geschildert, der um die »geistige und sittliche Entwicklung« seiner Kinder »unablässig besorgt« gewesen sei. Friedrichs ältester Bruder wurde, wie der Vater, Buchhändler und übernahm nach dessen Tod das Geschäft. Zwei ältere Brüder wurden Professoren. Von dem vierten Bruder und den Schwestern wird vermutet, dass sie schon als Kinder gestorben sind. Offenbar hat Friedrichs Vater nach dem Tod seiner Frau nicht wieder geheiratet, sodass seinem kleinen Sohn »das weibliche Element« in seiner Erziehung völlig gefehlt habe, wie sein Biograf Sichelschmidt meint.[160]

Die Buchhandlung florierte. Sie wurde schon unter der Leitung von Nicolais Vater zu einer ersten Adresse für die Berliner Gelehrtenwelt: »Wie ansehnlich sie schon unter Friedrich Wilhem I. war, [der hatte 1714 den Thron bestiegen, M. K.] ist daraus ersichtlich, dass Friedrich II. sie als Kronprinz öfters besuchte; auch zeigen die ziemlich zahlreichen und zum Theil sehr bedeutenden Verlagswerke, unter welchen wir nur das immer noch sehr schätzbare deutsche Wörterbuch von Frisch erwähnen, daß der Besitzer in seinen Unternehmungen eben so thätig als intelligent war.«[161] Ein beträchtliches Vermögen habe er mit »germanistischen Publikationen und an Schulbüchern, die damals mit ungemein hohen Auflagen rechnen konnten« verdient.[162]

Eine Odyssee – Friedrich Nicolais Schulerfahrungen

Ob Friedrich auf einer Schule für den Besuch des Gymnasiums vorbereitet oder von Hauslehrern unterrichtet wurde, bleibt unklar. Fest steht, dass er als Dreizehnjähriger auf das Joachimsthalsche Gymnasium kam. Wahrscheinlich gehörte er zu den externen Schülern (Hospiten) und wohnte weiter im Haus des Vaters. Nach zeitgenössischen Berichten hatten die Berliner Gymnasien um 1750 einen sehr schlechten Ruf. Der Berliner Historiker Adolf Streckfuß schreibt: »Das Schulwesen Berlins befand sich beim Regierungs-Antritt Friedrichs in einem traurigen Zustande und blieb es auch während der nächsten zwanzig Jahre; erst nach und nach traten, ohne Zutun des Königs, Verbesserungen ein. Auf den Gymnasien, sowohl den städtischen als dem königlichen Joachimsthal'schen, herrschte eine pedantische Unterrichts-Methode, welche den frischen Geist der Knaben ertödtete. Der einzige Lehrgegenstand, auf den ein Gewicht gelegt wurde, war das Lateinische, alle Uebrigen wurden vernachlässigt, am Wenigsten gab man auf die deutsche Sprache und auf Mathematik, diese gehörten ja nicht zur sogenannten klassischen Bildung.«[163] Über die Zustände am Joachimsthalschen Gymnasium berichtet ein ehemaliger Lehrer: »Es herrschen ein sehr roher und wilder Renommistenton; die Neuankomenden auf das Gröbste mißhandeln, die Inspectoren zu verhöhnen und öffentlich zu beschimpfen, ja selbst mehrere Lehrer in den Klassen und in dem Spielsaale auszuzischen und auszutrommeln, Körper- und Arreststrafe für eine Ehre zu halten, war so ziemlich in der Regel.

[...] Die Schüler der untern Klassen mußten sich von den Primanern und Secundanern alles gefallen lassen und die geringste Widersetzlichkeit zog ihnen körperliche Mißhandlungen zu. [...] Die Gymnasiasten standen in der Stadt in dem übelsten Rufe und die Aeltern und Vormünder fingen an, dem Institute ihr Zutrauen zu entziehen, wodurch eine merkliche Abnahme der Zahl der Schüler die unmittelbare Folge war.«[164] Friedrichs Vater gehörte wohl zu den mit der Schule unzufriedenen »Aeltern«. Er schickte seinen Sohn schon nach einem Jahr auf die Lateinschule der pietistischen Franckeschen Stiftungen in Halle, wo Friedrich im Internat einer strengen Kontrolle und Zucht unterworfen wurde. Stefan M. Knoll schreibt: »Die Bildungsideale Preußens wurden durch das unter der Leitung des Pietisten August Hermann Francke stehenden halleschen Militairwaisenhaus im Besonderen geprägt«.[165] Zum Halleschen Waisenhaus, unter diesem Titel waren alle Einrichtungen der Stiftung vereint, gehörten drei Schulen: Eine Armenschule mit dem Titel »Deutsche Schule« für die Kinder des Waisenhauses und die »Armeleutekinder« aus der Umgebung, die Lateinische Schule für die Kinder des Bürgertums und die »Paedagogio Regio« für die Söhne des Adels, des Hofbeamtentums und der wenigen reichen vornehmen Bürger, die zur gesellschaftlichen Oberschicht gehörten. Die Schulen des Waisenhauses entsprachen exakt der Klassenstruktur der preußischen Ständegesellschaft. Das Schulgeld für die Lateinschule war so bemessen, dass Familien des mittleren Bürgertums es gerade noch bezahlen konnten. Vielleicht hätte Vater Nicolai auch das Geld für das »Paedagogio« aufbringen können, dessen Schüler wesentlich bessere Lebensbedingungen hatten. Sie konnten sich z.B. ein Einzelzimmer mieten. Der Vater zählte sich aber nicht zur aristokratisch-patrizischen Oberschicht und lehnte solchen Luxus vermutlich ab.

Die Hausordnung und Tageseinteilung der Lateinschule war noch strenger als die des Afraneums in Meißen. »Früh gegen

5 Uhr wird mit einer Glocke ein Zeichen zum Aufstehen gegeben, darnach sich ein jeder richten, und wenn er aufgestanden, ohne Verzug anziehen muß, damit gleich nach 5 Uhr die Früh-Betstunde von dem Praeceptore mit allen, die auf die Stube gehören, angefangen werden könne. Nach deren Endigung müßen die Scholaren auf ihren Stuben bleiben, in der Stille etwas nützliches vornehmen, und sich zu ihren Lectionibus in der Schule anschicken. Um 3 Viertel auf 7 Uhr wird das Zeichen mit der Glocke abermals gegeben, mit welchem sich ein jeder so fort von der Stube in seine Classe begeben muß, damit die Lectiones mit dem Schlage von dem Praeceptore angefangen werden können. [...] Von 7 bis 8 Uhr wird die Theologie und zwar jetzo in 10 Classen tractiret, in denen untersten wird darzu der Catechismus Lutheri zum Grunde gelegt, in den obern aber Freylinghausens Compendium Theologiae. Die beyden Stunden von 8 bis 10 sind der Lateinischen Sprache gewidmet. [...] Nach dem Beschluß der ersten beyden Stunden, und also um 9 Uhr, werden die Scholaren von den Praeceptoribus aus ihren Classen herunter auf den Hof geführet, theils etwas frische Luft zu schöpfen, theils den Leib zu erleichtern, dann sie nicht genöthiget werden, unter denen Lectionibus mit Versäumniß und Beunruhigung der andern heraus zu laufen. Nach einer halben Viertelstunde wird ein Zeichen gegeben, und sie von den Praeceptoribus wieder in die Classen geführet, da dann die Lateinischen Lectiones auf beschriebene Art fortgesetzet werden. Von 10 bis 11 wird denen Scholaren die in der Latinität und besonders dern fundamentis der Grammatik versäumet sind, in einigen Classen nachgeholfen.« Vormittags wird an verschiedenen Wochentagen noch Unterricht von einem »Studiosus Medicinae« über die »Beschaffenheit des menschlichen Leibes« gegeben, der auch »suchet ihnen bey dieser Gelegenheit das nöthige von der Erhaltung der Gesundheit beyzubringen [...]. Um 11 Uhr gehen die Scholaren auf ihre Stuben, und müssen daselbst in der Stille

und unter Aufsicht der Praeceptorum das ihrige verrichten. Um
12 Uhr wird das Zeichen zur Mittags-Mahlzeit gegeben, wobey
sie sich gleichfals unter Aufsicht befinden. Wenn sie von Tische
kommen, ist ihnen erlaubt, auf dem Hoffe in gehöriger Stille und
Bescheidenheit auf- und abzuspatziren; gegen 3 Viertel auf 2 Uhr
aber müssen sie auf ihren Stuben seyn, und nach gegebenen Zeichen sich sofort auf ihre Classen verfügen. Die Nachmittags-
Lectiones betreffend, so werden selbige um 2 Uhr angefangen.
In der ersten Stunde von 2 bis 3 wird in den untern Classen […]
wieder die Lateinische Sprache tractiret.« In der letzten Stunde
von 4 bis 5 Uhr wurden in den unteren Klassen Texte römischer
Schriftsteller in Latein gelesen. Nicolai, der nur ein Jahr auf der
Lateinschule war, hat sie wirklich als *Latein*-Schule erlebt, da er
an dem differenzierteren Lehrangebot für die oberen Klassen
noch nicht teilnehmen konnte. Aber weiter im Tagesablauf: »Um
5 Uhr sind also die Lectiones geendigt, worauf den Sommer über
die Scholaren vier Tage in der Woche in verschiedenen Hauffen
von den Praeceptoren zur nöthigen Leibes-Bewegung aufs Feld
spatziren geführet werden; Mittwochs und Sonnabends aber, wie
auch den ganzen Winter über, sind sie auf ihren Stuben, elabori-
ren ihre Exercitia und besorgen die übrige Beruffs-Arbeit; jedoch
werden sie auch im Winter bey bequemem Wetter Nachmittags einige Stunden ausgeführet. Um 7 Uhr gehen sie wieder zu
Tische, und nach der Abendmahlzeit auf ihre Stuben, da dann um
halb 9 Uhr das Abend-Gebet verrichtet und nach demselben ein
jeder nach Vorschrifft der Legum zu Bette zu gehen angehalten
wird.«[166] Das war ein Sechzehn-Stunden-Tag, der um fünf Uhr
in der Frühe ohne Frühstück begann. Die erste Mahlzeit gab es
um 12 Uhr, das Abendbrot um 19.00 Uhr. Die Stunden ohne
Unterricht waren keine selbstbestimmte freie Zeit. Die Schüler
hatten wenig körperliche Bewegung. Immer dann, wenn in der
Schulordnung »in der Stille« angeordnet war, handelte es sich um
ein Redeverbot. Durch die Anordnung der Stuben im Wohntrakt

des Internats wurden die Schüler nicht nur tags, sondern auch nachts kontrolliert: Ein Praeceptor hatte sein Zimmer zwischen zwei Stuben der Schüler, die er nach jeder Richtung kontrollieren konnte. Ihre Aufsichtspflichten in der unterrichtsfreien Zeit waren genau geregelt: »Deren Pflicht ist, auf die in solchen Stuben wohnende und ihnen untergebene Scholaren eine genaue Auffsicht und specielle Sorgfalt zu tragen, besonders, wenn selbige ausser denen Classen, und also auf ihren Stuben sind, beständig gegenwärtig zu seyn, und acht zu haben, daß alles ordentlich und stille zugeht.« Die armen Lehrer hatten also einen Vierundzwanzig-Stunden-Dienst. Für die »Auffsicht« bekamen sie neben ihrem Lehrergehalt »freye Stube, nebst freyem Holtz, Bette, Licht und Wäsche«.

Auch am Wochenende und an Feiertagen gab es für die Schüler keine Zeit zur freien Verfügung. Nach dem obligatorischen Vormittags-gottesdienst in der Kirche wurden sie »in 2 dazu bequemen Schulstuben unter Auffsicht gehalten, und nach Absingen einiger Lieder, ihnen von den Vorgesetzten ein zur Erbauung gerichteter Vortrag gethan. Zuweilen erlauben auch die Inspectores [die hatten die Aufsicht über die Praeceptoren, M. K.] einigen, mit ihrem Stuben-Praeceptore in die Stadtkirchen zu gehen, welcher sie in beständiger Auffsicht haben und sie wieder zurück bringen muß, welches dann auch auf diese Art Nachmittags also gehalten wird. Nach der Nachmittags-Predigt wird von den Inspectores und einigen Praeceptoribus eine Repetition dessen, was sie den Tag über gehöret, in 3 verschiedenen Classen catechetice angestellet; alsdann gehen sie auf ihre Stuben, und wird die übrige Zeit mit Lesen, Beten und Singen zugebracht.«[167] Die Erlaubnis unter Aufsicht zum Gottesdienst in eine Stadtkirche gehen zu dürfen, war eine Vergünstigung für besonders angepasste Schüler. Dass es »Entweichungen« aus diesem Zuchthaus gab, signalisiert die Formulierung, dass der begleitende Lehrer diese Schüler wieder »zurückbringen muss«.

Friedrich Nicolai beurteilte in seiner Schrift »Über meine gelehrte Bildung« (1799), seine beiden Schuljahre auf dem Joachimsthalschen Gymnasium und der Lateinschule in Halle rückblickend sehr negativ: »Ich lernte in den Schulen zu Berlin und Halle gleich allen meinen Zeitgenossen – nichts als lateinische und griechische Wörter, wunderbar zusammengeknetet in alle Prädikate einer pedantischen Grammatik.«[168] »Außerdem lernte ich in der Schule des Waisenhauses b e t e n, und würde auch nach damalige Stimmung das H e u c h e l n gelernt haben, wenn ich die geringste natürliche Anlage dazu gehabt hätte.«[169] Sein Bruder Samuel, der, wie bereits erwähnt, an der Halleschen Universität studierte, zeigte ihm Alternativen zum Lateinunterricht in der Schule und brachte ihm Bücher, die es in der Schulbibliothek entweder nicht gab oder an die Schüler nicht ausgeliehen wurden. Samuel meinte, Friedrich müsse als Grundlage für eine gute Bildung zuerst seinen »Geschmack« bilden. Dazu schienen ihm die »Bremischen Beiträge« geeignet, in denen junge Autoren der Opposition gegen den »Literaturpapst« Gottsched ihre Texte veröffentlichten: »Die Bremischen Beiträge unterhielten mich ziemlich und gaben mir zuerst einen Begriff von deutschen Gedichten. Aber auf der erzpietistischen Schule des Waisenhauses sollte von nichts anderem geredet werden als vom Durchbruch und vom Herrn Jesus in uns. Alle weltlichen Bücher, besonders deutsche, waren Konterbande. Einigen von meinen jungen Freunden vertraute ich, daß ich einen unbekannten Schatz, die Bremischen Beiträge, besäße, ließ auch einige hineinblicken. Aber das ward bald verraten. Man empfahl sich damals den Aufsehern am sichersten durch Kopfhängen und Angeben. Daher trauten wenige Schüler einander, und denen, die sich als die frömmsten auszuzeichnen suchten, traute man am wenigsten. Ich versteckte meinen Schatz in jeden Winkel und endlich ins Bettstroh. Aber er ward dennoch gefunden und konfisziert. Da war es denn mit meiner Geschmacksbildung auf einmal aus. Ach, und ich wollte doch so gern zum Homer hinan.«[170] Über seine Erfahrungen in Halle und, was Lehrinhalte und Methoden anbetrifft, wohl auch im Berliner Gymnasium, schrieb Nicolai zusammenfassend: »Sowohl Lehrmethoden als auch Erziehung schienen ausdrücklich darauf angelegt zu sein, die jugendlichen Seelenkräfte, die entwickelt werden sollten, gänzlich zu unterdrücken. Seelenlose Untätigkeit und heuchlerisches Kopfhängen hieß Frömmigkeit, und diese allein, nebst einer sklavischen Unterwürfigkeit unter Inspektoren und Lehrern war das einzige, was bei jungen Leuten verdienstlich gefunden ward.«[171]

Am Ende des Schuljahrs holte Christoph Gottlieb seinen Sohn aus Halle zurück nach Berlin. Im Mai 1747 wurde hier die Heckersche Realschule eröffnet, die sich als gute Alternative zur humanistischen Bildung Friedrichs anbot. Auf dieser Schule habe er in einem Jahr mehr gelernt als in den Jahren auf »zwei berühmten gelehrten Schulen«, heißt es in Nicolais Erinnerungen. Auf der Realschule sei sein »Hang zum eifrigen Studieren und zu gelehrten Beschäftigungen entschieden erweckt [worden], welcher mich nachher während meines ganzen Lebens nicht verlassen hat. Ich kam in der Realschule in eine ganz neue Welt. So uninteressant und unbedeutend mir Alles auf den vorigen gelehrten Schulen war, so interessant und mannichfaltig erschien mir alles, was ich hier lernte.«[172]

In der Berliner Schulgeschichte markiert die Heckersche Realschule eine bildungspolitische und schulpädagogische Wende. Sie war jedoch nicht Friedrich II. oder dem Stadtrat zu verdanken, sondern der Initiative des Predigers an der Dreifaltigkeitskirche und Konsistorialrats Hecker, der 1738 nach Berlin gekommen war und sich über das Schulwesen der Haupt- und Residenzstadt entsetzte. Von der Kanzel übte er Kritik daran und warb für seine Idee einer ganz neuen Schule im Geiste der Aufklärung. In seiner überlieferten Ansprache auf der Eröffnungsfeier sagte er vor einem zahlreichen Publikum, zu dem auch Nicolais Vater gehört haben kann: »Unser Hauptverfahren in unserer ökonomischen und mathematischen Realschule, zielt dahin, solche junge Leute, welche dem Studiren nicht eigentlich gewidmet sind und die wir dennoch zur Feder, zur Handlung, Oekonomie, Künsten und Manufakturen fähig finden, in ihren natürlichen Trieben zu stärken und ihnen die erforderliche Anleitung zu geben.« Das waren keine leeren Versprechungen. Schon nach einem Jahr hatte die Schule rund 600 Schüler und verfügte über genügend Geld für die Ausstattung der Schule und die Lehrergehälter, das über großzügige Spenden und Schenkungen aus den sich zur Aufklärung rechnenden Bürgerfamilien der Stadt aufgebracht wurde. 1748 wurde der Schule eine Mädchenklasse angegliedert. Das war bildungspolitisch geradezu ein revolutionärer Akt.

Harte Jahre – Lehrling in Frankfurt/Oder

Zu Friedrichs großem Leidwesen befand sein Vater, dass der fast Sechzehnjährige Ende 1749 die Realschule schon wieder verlassen musste, um bei einem Kollegen in Frankfurt/Oder eine Buchhändlerlehre zu beginnen. Die Schulzeit Friedrichs betrug insgesamt nur etwas mehr als vier Jahre, wenn man die unklare Zeit seiner Elementarbildung abrechnet. Davon hatte er die Realschule nur eineinhalb Jahre besuchen können. Das reichte offensichtlich aus, ihn zu befähigen, von jetzt ab auch unter widrigsten Umständen, seine weitere Bildung ganz in die eigenen Hände zu nehmen.

Die drei Lehrjahre in Frankfurt/Oder waren sicher die entbehrungsreichste Zeit in Nicolais Leben: »Ich mußte im Winter viel Kälte ausstehen, da weder der Laden noch für mich ein Zimmer im Hause geheizt wurde und ich weder abends noch morgens ein Licht bekam. […] Ich sparte ziemlich lange das Frühstück (täglich 3 Pf.) und einige andere Ausgaben, um mir Öl zu einer Lampe zu kaufen, damit ich im Winter in meiner obwohl kalten Kammer, die Morgen und Abende zum Studieren anwenden könnte. Als ich im Sommer im Sparen weiterkam, so machte ich das Projekt, Miltons Werke im Original zu verschreiben. Meine Freude, als ich sie erhielt, kann sich nur der vorstellen, der mit mir im gleichen Falle gewesen ist.«[173] Englisch lernte er autodidaktisch »mit Hülfe einer Grammatik und einiger alten schlechten englischen Bücher«, die er in der Buchhandlung seines Lehrherrn fand.

In dieser Zeit lernte er zwei Männer kennen, die für ihn sehr wichtige Anreger wurden: Den sechs Jahre älteren Johann Joachim Ewald und durch ihn den achtzehn Jahre älteren Ewald Christian von Kleist. Ewald war Jurist und Lyriker. Er konnte ausgezeichnet Englisch und unterstützte den Handlungslehrling Nicolai in seinen Bemühungen, das Englische zu erlernen: »Ewald, der eine schöne Sammlung englischer Schriftsteller besaß, überließ dieselben seinem jungen Freunde zur Benutzung, der sich dann einen ganzen Band Gedichte abschrieb, weil er sich die Bücher nicht kaufen konnte.«[174] Ewald ermunterte ihn auch, mit dem Griechischen weiterzumachen.

Kleist war preußischer Offizier und schon ein bekannter Dichter, als Nicolai ihn kennenlernte. 1749 erschien sein Gedichtband »Der Frühling«, der in die wichtigsten europäischen Sprachen übersetzt wurde. Er war unter den preußischen Militärs seiner Zeit eine Ausnahmeerscheinung. In Königsberg hatte er Jura, Mathematik und Philosophie studiert. Man kann sich gut vorstellen, wie sehr dieser fünfunddreißigjährige Offizier, der in den Augen des Siebzehnjährigen auch äußerlich ein schöner Mann war – »Er war groß von Person und wohl gewachsen« – den Jugendlichen Buchhändlerlehrling Friedrich beeindruckt hat. 1755 traf Nicolai diesen Offizier in der Gesellschaft Lessings wieder, den eine enge Freundschaft mit Kleist verband. Als Lessing, Mendelssohn und Nicolai die »Briefe die neueste Literatur betreffend« planten, wählten sie Kleist als den Empfänger der fiktiven Briefe. Im August 1759 wurde Kleist in der Schlacht bei Kunersdorf schwer verwundet und starb kurz darauf. Die Freunde betrauerten seinen Tod tief. Nicolai schrieb auf Kleist 1760 den ersten seiner berühmten Nekrologe, das »Ehrengedächtnis Herrn Ewald Christian von Kleist«, aus dem deutlich wird, welche Bedeutung die Bekanntschaft während seiner Lehrzeit in Frankfurt/Oder für ihn gehabt haben wird: »Er sprach deutsch [das besonders zu vermerken, war 1760 noch angebracht, M. K.], lateinisch, französisch, polnisch und dänisch. Er war in keiner Wissenschaft ein Fremdling. Die Alten und die besten unter den Neuern hatte er mit außerordentlicher Begierde gelesen. Seine Liebe zur Dichtkunst und zu allen schönen Wissenschaften werden ihn unsterblich machen.«[175]

Ein weiterer Förderer Nicolais in Frankfurt/Oder war der literarisch gebildete Theologiestudent Johann Samuel Patzke. Friedrich durfte dessen Mitschriften aus Lehrveranstaltungen über Logik, Metaphysik und Ästhetik lesen, die ihm neue Horizonte eröffneten. Der Jugendliche muss mit seinem Bildungshunger auch auf weitere Mitglieder der Universität einen starken Eindruck gemacht haben, denn auch ein Professor Pessler und der Justitiar der Universität Toll liehen ihm aus ihren Privatbibliotheken Bücher für seine autodidaktischen Studien.[176] Vermutlich hat aber auch das Renommee seines Vaters bzw. der Nicolaischen Verlagsbuchhandlung, die in Gelehrtenkreisen weit über Berlin hinaus einen guten Ruf hatte, zur Wertschätzung Friedrichs und der Anteilnahme an seinen Bildungsbestrebungen beigetragen. Sichelschmidt berichtet, dass Friedrich, sobald es seine Zeit erlaubte, sich in die Vorlesungen des Philosophen Baumgarten schlich, der an der Universität über »einen neuen Begriff der Ästhetik, die er als selbständige Wissenschaft verstanden wissen wollte« lehrte und damit an die Ideen von Wolff und Leibniz anknüpfte.[177] Das waren wohl die einzigen universitären Lehrveranstaltungen, die Nicolai in seinem Leben besucht hat. Als Erwachsener betonte er, seine ganze Bildung sich selbsttätig, ohne Universitätsstudien, erarbeitet zu haben.

Der bedeutende Rest von Nicolais Bildungsgeschichte, bis zum Beginn seiner Freundschaft mit Lessing und Mendelssohn, ist schnell erzählt. Nach der Beendigung seiner Lehrzeit kehrte er im Januar 1752 nach Berlin zurück, um als qualifizierter Gehilfe im väterlichen Geschäft mitzuarbeiten. Das Wiedersehen war

Friedrich Nicolai als junger Mann

von kurzer Dauer, denn der Vater starb am 22. Februar 1752. Friedrich war nun ein Vollwaise. Buchhandlung und Verlag wurden von seinem ältesten Bruder Gottfried Wilhelm übernommen, der wie Friedrich ein ausgebildeter Buchhändler war. Als Handlungsgehilfe und kleiner Bruder musste er dem viele Jahre älteren Bruder, der jetzt sein Vorgesetzter war, durchaus untergeordnete Dienste leisten. Das konnte ihn aber nicht davon abhalten, seine literarischen Studien und die Verbesserung seiner Sprachkenntnisse mit großem Engagement weiterzutreiben. In seiner freien Zeit las Friedrich vor allem in den Schriften Christian Wolffs.

Wie sehr Wolffs Philosophie das Denken und Handeln Nicolais geprägt hat, ist nicht zu übersehen. Im Kern ging es Wolff um die Herleitung moralischer, rechtlicher und politisch-sozialer Normen aus dem Naturrecht, aus dem er die Grundrechte des Menschen ableitete. Die zum Wohlergehen und zur allgemeinen Glückseligkeit der Menschen erforderlichen Maximen und Einrichtungen der bürgerlichen Gesellschaft sollten Resultate einer nach methodischen Grundsätzen arbeitenden aufgeklärten Vernunft sein. Auch für Lessing und Mendelssohn war diese Philosophie von existenzieller Bedeutung. Die intellektuelle Freundschaft der drei hatte eine starke Wurzel sicher auch in dieser Übereinstimmung.

Mendelssohn teilte am Ende seines Lebens den Fortschrittsoptimismus der Wolff'schen Philosophie, an dem Nicolai trotz aller Rückschläge und bitteren Erfahrungen bis zuletzt unbeirrt festhielt, nicht mehr. Die erst im 20. Jahrhundert von Horkheimer und Adorno unter dem unmittelbaren Eindruck der nationalsozialistischen Gewaltherrschaft auf den Begriff gebrachte »Dialektik der Aufklärung« wird von Mendelssohn in seinem Beitrag »Über die Frage: was heißt aufklären?« 1784 in der »Berlinischen Monatsschrift« schon thematisiert: »Je edler ein Ding in seiner Vollkommenheit, sagt ein hebräischer Schriftsteller, desto gräßlicher in seiner Verwesung. [...] So auch mit Kultur und Aufklärung. Je edler in ihrer Blüte: desto abscheulicher in ihrer Verwesung und Verderbtheit. Mißbrauch der Aufklärung schwächt das moralische Gefühl, führt zu Hartsinn, Egoismus, Irreligion, und Anarchie.«[178] Gleich im Anschluss an Mendelssohn hat Immanuel Kant in derselben Zeitschrift seinen berühmten Aufsatz »Beantwortung der Frage: was ist Aufklärung?« veröffentlicht. Der Unterschied in der Wortwahl des zentralen Begriffs hat es in sich: Während Kant die Aufklärung als einen zu erreichenden Zustand bezeichnet, betont Mendelssohn mit dem Tätigkeitswort »aufklären« ein immer von inneren Widersprüchen und äußeren Gegenkräften bedrohtes Handeln, das gelingen und scheitern kann.

Aber zurück zu Friedrich Nicolai, in die Zeit zwischen seiner Rückkehr nach Berlin 1752 und dem Beginn seiner Freundschaft mit Lessing und Mendelssohn 1754/55. Kaum zwanzig Jahre alt, veröffentlicht er 1753 seine erste Schrift, eine »Untersuchung, ob Milton sein Verlorenes Paradies aus lateinischen Schriftstellern ausgeschrieben habe, nebst einigen Anmerkungen über eine Rezension des Lauderschen Buchs von Miltons Nachahmung der neuen Schriftsteller«. In dem kleinen, hundert Seiten starken Bändchen belegt er scharfsinnig, dass der von der Gottsched-Schule verbreitete Vorwurf, Miltons berühmte Schrift sei ein Plagiat, nicht gerechtfertigt ist. Damit griff er in die leidenschaftlich geführte Literaturdebatte zwischen den »Schweizern« um Bodmer in Zürich und den »Gottschedeanern« in Leipzig ein. Ins Zentrum dieser Auseinandersetzung geriet er mit den 1755 folgenden »Briefen über den itzigen Zustand der schönen Wissenschaften in Deutschland«, die ihn mit einem Schlag in der deutschsprachigen Literaturwelt bekannt machten.[179] In diesem achtzehn Briefe umfassenden Werk entwickelte der junge Nicolai die Ansätze seiner Literaturkritik, die er dann in den Diskussionen mit Lessing und Mendelssohn zur Reife brachte und ein Leben lang als Leitlinie seiner umfangreichen Arbeit als Literaturkritiker beibehielt. Im 17. Brief vertritt er die Position »daß die schärfste Kritik, zu der Aufnahme der schönen Wissenschaften unumgänglich notwendig sei«, aus der ein paar programmatische Sätze hier zitiert werden sollen: »Sie tadeln mich, daß ich mit vielen deutschen Schriftstellern nicht zufrieden bin; ist dies meine Schuld? Wären diese Herren weniger mit sich zufrieden gewesen, so würden ihre Leser vielleicht mehr mit ihnen zufrieden sein! […] Sollten wir nicht verpflichtet sein, dem Publico den schwer zufrieden zu stellenden Geschmack beizubringen, der allein Vollkommenheiten richtig beurteilet, und welcher verhindert, daß niemand auf den Titel eines großen Geistes Anspruch machen darf, als der ihn verdient. […] Die Kritik ist die einzige Helferin, die, indem sie unsere Unvollkommenheiten aufdeckt, in uns zugleich die Begierde nach höhern Vollkommenheiten anfachen kann.«[180]

Es waren diese Briefe, die die Verbindung zwischen Lessing und Nicolai und in der Folge auch mit Mendelssohn herstellten. Friedrich Nicolai hatte mit diesem Werk einen Stand erreicht, von dem aus er mit den beiden etwas Älteren – man weiß, was in der Jugend ein Altersunterschied von drei, vier Jahren bezogen auf die geistig-seelische Reife bedeuten kann – in eine auf gegenseitiger Anerkennung und Anregung beruhenden Freundschaft gehen konnte, die zugleich eine der produktivsten Arbeitsgemeinschaften wurde, die die deutsche Literargeschichte bis heute zu verzeichnen hat. Die Manuskripte in Lessings verloren gegangener Kiste und Nicolais Plan zu einem deutschen Wörterbuch waren Ergebnisse dieser produktiven Zusammenarbeit.

Schlussbemerkung:

Über die Unterschiede und Gemeinsamkeiten der Bildungsbiografien Gotthold Ephraim Lessings, Christoph Friedrich Nicolais und Moses Mendelssohns – und die ganz andere Erziehung Friedrichs II. von Preußen

Wie sehr unterscheiden sich die Bildungsbiografien der Freunde Lessing, Mendelssohn und Nicolai, die fast zeitgleich und an wenig voneinander entfernten Orten stattfanden! Lessing, der eine klassische zwölfjährige Schulbildung erhielt, dafür nie mit seinen Händen arbeiten musste, anschließend mit Stipendien sein Studentenleben, zwar nicht üppig, aber doch ausreichend finanzieren konnte und dabei aus dem Bewusstsein, Spross einer Gelehrtenfamilie mit langer Tradition zu sein – bei aller Kritik an dieser Tradition –, Kraft schöpfen konnte. Mendelssohn, der chronisch unterernährte und körperlich von seiner Armut gezeichnete jüdische Junge, der nie eine »deutsche Schule« von innen gesehen hat, der sich gegen eine christlich/deutsche Dominanzkultur und das Misstrauen der in seiner Jugend noch dominanten jüdischen Orthodoxie aus seiner Marginalisierung herausarbeiten musste. Nicolai, der Junge aus gutem bürgerlichen Elternhaus, in der aufstrebenden Metropole Berlin aufgewachsen, einer der ersten Realschüler Deutschlands, in dem positiven Sinne, dort »für das Leben« vorbereitet worden zu sein, zu dem seine ausbeuterische und entbehrungsreiche Lehre ihm schließlich die Tür öffnete. Und wie viele Gemeinsamkeiten hat der so unterschiedliche Bildungsprozess der Freunde aufzuweisen: An erster Stelle ist da die Erfahrung der Diskriminierung ihrer Lust an der deutschen Sprache und Literatur, die sie schließlich auch zusammenführte. Ähnlich waren sich die Freunde in der schon in der jeweiligen Kindheit und Jugend bemerkenswerten geistigen Eigenständigkeit und psychischen Widerstandsfähigkeit. Vor allem aber war ihnen eine Aufbruchstimmung aus tradierten Denkgefängnissen gemeinsam, die es ihnen ermöglichte, als sie sich um 1750 in Berlin, dem Zentrum der Aufklärungsbestrebungen in Deutschland, trafen und befreundeten, eine Übereinstimmung im Denken und Handeln zu entwickeln, die sie für einige Jahre zum Mittelpunkt dieser Bewegung machte, mit einer Ausstrahlungskraft, die weit über ihre Lebenszeit hinausreicht und uns noch heute berührt.

Noch eines hatten die Berliner Freunde gemeinsam: Sie wuchsen unter der Ägide des von der Welt bewunderten und gefürchteten Preußenkönigs Friedrich II. heran, der in das Leben eines jeden der Freunde unmittelbar unterdrückend oder fördernd eingriff, der die deutsche Sprache und Literatur, der sie sich verschrieben hatten, kaum kannte und ablehnte. Dieser Friedrich hatte, obwohl er ein Königssohn war, eine schlechtere Erziehung und in seiner Kindheit und Jugend ein elenderes Leben als jeder der drei Freunde. Die Wege zur deutschen Sprache wurden ihm verbaut und er konnte sie sich zeitlebens nicht öffnen. Sein Vater wollte mit einer gewalttätigen Erziehung einen »deutschen Mann«, einen Jäger und Soldaten aus ihm machen. Am 25. April 1758 sprach der damals sechsundvierzigjährige Friedrich mit Henri de Catt über seinen Vater: »Ich war noch ein Kind und lernte ein wenig Latein; ich deklinierte mit meinem Lehrer […], als plötzlich mein Vater ins Zimmer trat. […] ›O du Schurke, Latein für meinen Sohn! Geh mir aus den Augen!‹ und er verabreichte meinem Lehrer eine Tracht Prügel und Fußtritte […]. Erschreckt durch diese Schläge und durch das wütende Aussehen meines Vaters, verbarg ich mich, starr vor Furcht unter einem Tische, wo ich in Sicherheit zu sein glaubte. Ich sehe meinen Vater […] auf mich zu kommen – ich zittere noch mehr; er packt mich bei den Haaren, zieht mich unter dem Tisch hervor, schleppt mich so bis in die Mitte des Zimmers und versetzt mir endlich einige Ohrfeigen. […] Bücher, Flöte, Schriftstücke – wenn er sie erwischen konnte, wurden sie in den Kamin geworfen, und immer war die Verbrennung meiner Bücher von einigen Schlägen oder von sehr nachdrücklichen Verweisen begleitet. Die einzige Lektüre, die er mir gestattete, war die des Neuen Testamentes. […] Der fortgesetzte Zwang, unter dem er mich in jeder Hinsicht hielt, die immer wieder erwachende Furcht – alles das ließ mich, wahrlich recht unbesonnen, den gewaltsamen Plan fassen, mein Vaterhaus zu verlassen; aber, zum Teufel, wußte ich etwa, wohin ich gehen sollte?«[181] Am 12. Juli 1758, im Feldlager von Rokitna, fasst Friedrich im Gespräch mit de Catt das Ergebnis seiner Erziehung in zwei Sätzen zusammen: »Wenn man sich in meiner Jugend bemüht hätte, mich mehr zu heben als zu demütigen, glauben Sie wohl, mein Lieber, es wäre mehr aus mir geworden, als es nun der Fall ist. Aber meine Erziehung war verfehlt; ich habe mich selbst erziehen müssen und habe es teilweise auch getan, immer aber mit der Erinnerung an jene Demütigungen, die man mir bereitet hatte.«[182]

Von heute aus gesehen zeigt sich das antagonistische Verhältnis Friedrichs II. von Preußen und der zur Aufklärung gehörenden deutschen Schriftsteller und Philosophen zur deutschen Sprache und Literatur als eine dialektische Verstrickung von Herrschaft und Emanzipation. In deren zeitlichem und geografischen Gravitationszentrum Berlin arbeiteten Lessing, Nicolai und Mendelssohn, das »Dreigestirn« der Berliner Aufklärung, einige Jahre gemeinsam an der Hebung der deutschen Sprache, an der Verbesserung des Geschmacks, wie sie sagten. Ergebnisse dieser Arbeit steckten in Lessings Kiste und in Nicolais Plan zu einem deutschen Wörterbuch. Immanuel Kant, der ja nicht blind war gegenüber Friedrichs II. Ignoranz, brachte diese Dialektik auf den Punkt, als er 1783 in der »Berlinischen Monatsschrift« schrieb: »Wenn er [der Monarch, M.K.] nur darauf sieht, daß alle wahre oder vermeintliche Verbesserung mit der bürgerlichen Ordnung zusammen bestehe; so kann er seine Untertanen übrigens nur selbst machen lassen, was sie um ihres Seelenheils willen zu tun nötig finden; das geht ihn nichts an, wohl aber zu verhüten, daß nicht einer den anderen gewalttätig hindere, an der Bestimmung und Beförderung desselben nach allem seinem Vermögen zu arbeiten. Es tut selbst einer Majestät Abbruch, wenn er sich hierin mischt, indem er die Schriften, wodurch seine Untertanen ihre Einsichten ins reine zu bringen suchen, seiner Regierungsaufsicht würdigt, sowohl wenn er dieses aus eigener höchsten Einsicht tut: Caesar non est supra Grammaticos, als auch und noch weit mehr, wenn er seine oberste Gewalt so weit erniedrigt, den geistlichen Despotismus einiger Tyrannen in seinem Staate gegen seine übrigen Untertanen zu unterstützen.«[183] Friedrich II. war ignorant und tolerant zugleich, solange sich seine Untertanen mit ihrem Reden und Schreiben nicht in sein politisches Handeln einmischten. Das meinte Kant, als er schrieb, dass »die Hindernisse der allgemeinen Aufklärung [...] allmählich weniger werden, davon haben wir doch deutliche Anzeigen. In diesem Betracht ist dieses Zeitalter das Zeitalter der Aufklärung, oder das Jahrhundert *Friedrichs*.«[184]

Dass »die Hindernisse der allgemeinen Aufklärung allmählich weniger werden« war das gemeinsame Anliegen der literarisch-kritischen Bundesgenossenschaft der Freunde Lessing, Mendelssohn und Nicolai. Daran arbeiteten sie gemeinsam und jeder für sich auf seine Weise, buchstäblich bis zum letzten Atemzug. Die Bewahrung der historisch immer wieder bedrohten Freiheit des Denkens, Sprechens und Schreibens, für die sie sich eingesetzt haben, ist auch in unsere Hände gelegt. Die Aufklärung, schrieb Mendelssohn, ist kein einmal erreichter und dann für alle Zeiten gesicherter Zustand, sondern eine von Menschen immer wieder neu herzustellende Praxis, die die Keime ihres Scheiterns allemal in sich trägt.

Anmerkungen

1 Lachmann, Karl (Hrsg.) 1840, Gotthold Ephraim Lessing's sämmtliche Schriften Bd. 13 (Supplementband), S. 175, Berlin, in der Voß'schen Buchhandlung

2 Sichelschmidt, Gustav (Hrsg.) 1971, Friedrich Nicolai – Geschichte seines Lebens, S. 54, Herford

3 Sichelschmidt, S. 38

4 Meyer, S. 86

5 Zitiert nach: Knobloch, Heinz 1981, Herr Moses in Berlin, S. 116 f., Berlin

6 Vgl. Falk, Rainer und Kosenina Alexander (Hrsg.) 2008, Friedrich Nicolai & die Berliner Aufklärung, Hannover

7 Goedeke, Karl 1867, Lessing. In: ders. (Hrsg.), Lessings Werke, Band 1, S. XXXVII

8 Oehlke, Waldemar 1919, Lessing und seine Zeit, Bd. 1, S. 246, Berlin. Vgl. zur Arbeitsgemeinschaft der Freunde auch Falk/Kosenina 2008, Friedrich Nicolai & die Berliner Aufklärung, S. 179

9 Lachmann/Maltzahn 1854, Gotthold Ephraim Lessing's sämmtliche Schriften, Bd. 5, S. 121

10 Schieder, Theodor 1985, S. 491, Zürich

11 Vgl. dazu Schüßler, Willy (Hrsg.) 1981, Friedrich der Große – Gespräche mit Henri de Catt, München; Kolb, Annette (Hrsg.) 1923, Memoiren der Markgräfin Wilhelmine von Bayreuth, Leipzig/Schieder, a. a. O./Vehse; Eduard 1998, Friedrich der Große und sein Hof, Braunschweig; Mendelssohn-Bartholdy, Gustav 1954, Der König – Friedrich der Große in seinen Briefen und Erlassen, Bielefeld

12 Nicolai, Friedrich, o. J., Anekdoten von Friedrich dem Großen, S. 12, München (Verlag Lothar Borowsky)

13 Borchardt, Georg und Murawski, Erich o. J., Die Randbemerkungen Friedrichs des Großen, S. 13 ff., Podzun

14 Volz, Gustav Berthold (Hrsg.) o. J., Ausgewählte Werke Friedrichs des Großen, Bd. 1, S. 253, Berlin (R. Hobbing)

15 Pleschinski, Hans (Hrsg.) 1995, Voltaire – Friedrich der Große, Briefwechsel, S. 184, München

16 Vgl. Grau, Conrad 1988, Berühmte Wissenschaftsakademien, S. 119, Leipzig

17 Zitiert nach Gosche, Richard (Hrsg.) 1875, Lessing's Werke, Bd. 8, S. 195

18 Feiner, Shmuel 2009, Moses Mendelssohn – Ein jüdischer Denker in der Zeit der Aufklärung, S. 101 f., Göttingen

19 Goedeke, a.a.O., Bd. 10, S. 318 f.

20 Lachmann, a.a.O., S. 132

21 Aushängebögen waren beim Buchdruck diejenigen Bögen, »welche der Drucker früher über die bestimmte Auflage druckte und beiseite hing, um sie für den Verfasser, Korrektor etc. zu sofortigem Nachsehen zur Hand zu haben. […] Der Name soll dadurch entstanden sein, daß die alten Meister der Druckkunst die druckfertigen Bögen an den Thüren ihrer Häuser oder in Hochschulen aushingen und, indem sie für jeden noch zu findenden Fehler eine Prämie versprachen, zu deren Durchsicht aufforderten.« Meyers Konversations-Lexikon, Fünfte Auflage, 1895

22 Orieux, Jean 1984, Das Leben des Voltaire, S. 459 f., Frankfurt/M.

23 Lachmann, Karl und von Matzahn, Wendelin 1853, Gotthold Ephraim Lessing's sämmtliche Schriften. Bd. 1, S. 113–125 und S. 248 f.

24 Ebenda

25 Vgl. Biedermann, Floard, Freiherr von 1924, Gotthold Ephraim Lessings Gespräche, S. 99

26 Nicolai hatte 1767 in seinem Verlag Mendelssohns populärstes Buch »Phädon oder über die Unsterblichkeit der Seele« herausgebracht, das in Österreich auf den Index gesetzt wurde

27 Lachmann, a.a.O., S. 183 ff.

28 Goedeke, a.a.O., Bd. 10, S. 350 f.

29 Houben, H. H. 1978, Der ewige Zensor, S. 7 ff., Kronberg

30 Ebenda

31 Ebenda

32 De Mendelssohn, Peter 1959, Zeitungsstadt Berlin, S. 28 ff.

33 Houben, a.a.O., S. 9 f.

34 Zitiert nach Houben, a.a.O., S. 148 f.

35 Alle Zitate zu dieser Affäre in: Nicolai, Friedrich 1987, Kritik ist überall, zumal in Deutschland, nötig, S. 443 ff.

36 Zitiert nach: Friedrich Nicolai – Leben und Werk, 1984, Ausstellung zum 250. Geburtstag, S. 47

37 Nicolai, Friedrich 1775, Freuden des jungen Werther, Leiden und Freuden Werthers des Mannes, Berlin

38 Mendheim, Max (Hrsg.) 1904, Goethe – Nicolai auf Werthers Grab, S. 47, Leipzig

39 Siehe Fußnote 37: Friedrich Nicolai – Leben und Werk, S. 48

40 Houben, a. a. O., S. 148 f.

41 Vgl. Kapp, Friedrich 1879, Berliner geschriebene Zeitungen aus dem vorigen Jahrhundert. In: Deutsche Rundschau, Band XXI, S. 107 ff.

42 Ebenda

43 Wolff, Richard 1912, Berliner geschriebene Zeitungen aus dem Jahr 1740. Der Regierungsantritt Friedrichs des Großen, in: Schriften des Vereins für die Geschichte Berlins. Heft XLIV, S. X

44 Vgl. Kapp, a. a. O., S. 107 ff.

45 De Mendelssohn, a. a. O., S. 34

46 Vgl. zu Schubart und Radcun, Evelyn (Hrsg.) 1988, Schubart – Deutsche Chronik. Eine Auswahl, Leipzig

47 Zur »Berlinischen Monatsschrift« und zur »Mittwochsgesellschaft« siehe Hinske, Norbert (Hrsg.), Was ist Aufklärung? Beiträge aus der Berlinischen Monatsschrift und Weber, Peter 1985, Berlinische Monatsschrift (1783–1796), Leipzig

48 Vgl. Sichelschmidt, a. a. O., S. 56 f.

49 Zitiert nach Sichelschmidt, a. a. O., S. 57

50 Lachmann, a. a. O., S. 90 f., Vgl. auch Knobloch, Heinz 1979, Herr Moses in Berlin, S. 112 ff.

51 Pfeideler, Martin (Hrsg.) 1979, Moses Mendelssohn. Selbstzeugnisse. Ein Plädoyer für Gewissensfreiheit und Toleranz, S. 79 f., Tübingen und Basel

52 Zitiert nach Feiner, a. a. O., S. 70 f.

53 Ebenda

54 Vgl. Bruer, Albert, 1991, Geschichte der Juden in Preußen, S. 67 ff.

55 Ebenda

56 Streckfuß, Adolf, 1879, 500 Jahre Berliner Geschichte: Vom Fischerdorf zur Weltstadt, Bd. 1, S. 455 f., Berlin

57 Pfeideler, a. a. O., S. 95

58 Riesbeck, Johann Kaspar, 1783, Briefe eines reisenden Franzosen über Deutschland, In: Steinmetz, Horst (Hrsg.), Friedrich II., König von

Preußen, und die deutsche Literatur des 18. Jahrhunderts, Texte und Dokumente, S 177 ff.

59 Ebenda

60 Ebenda

61 Riesbeck, a.a.O., S. 177 f.

62 Ebenda

63 Pleschinski, Hans, 1995, Voltaire – Friedrich der Große, Briefwechsel, S. 69

64 Gutknecht, Christoph und Kerner, Peter 1969, Friedrich der Große, De la litterature Allemande, S. 32 f., Hamburg

65 Ebenda

66 Ebenda

67 Ebenda

68 Kauer, Edmund (Hrsg.) o.J., Friedrich der Große, Gesammelte historische und philosophische Schriften, Bd. 4, S. 242

69 Gutknecht, a.a.O., S. 38

70 Schüßler, a.a.O., S. 472

71 Kauer, a.a.O., S. 243 ff.

72 Ebenda

73 Nicolai, Friedrich 1786, Beschreibung der Königlichen Residenzstädte Berlin und Potsdam, aller daselbst befindlicher Merkwürdigkeiten und der umliegenden Gegend, dritte völlig umgearbeitete Auflage, Haude & Spener Faksimile, Berlin 1980

74 Lachmann, a.a.O., S. 175 ff.

75 Zitiert nach Gosche, Richard, 1875, Lessing's Werke. Erste illustrierte Ausgabe, Bd. 8, S. 533 f., Berlin

76 Lachmann/Maltzahn, 1857, Bd. 11, Zweite Abtheilung: Lessing's litterarischer Nachlaß, S. 409

77 Biedermann, a.a.O., S. 293

78 Lachmann, a.a.O., S. 8 f.

79 Goedeke, a.a.O., S. XLI f.

80 Lachmann/Maltzahn, 1854, Bd. 6, S. 42, Leipzig. Die Szene selbst haben die Herausgeber aber nicht mit diesem 17. Literaturbrief veröffentlicht, wo Lessing sie platziert hatte, sondern in Bd. 2 der Ausgabe im Kapitel »Theatralischer Nachlaß«

81 Lachmann/Maltzahn, a.a.O., Bd. 2, S. 517

82 Ebenda

83 Fülleborn, Georg Gustav 1795, Beiträge zu einem Deutschen Glossarium, Berlin

84 Wölfel, Kurt 1967, Lessings Leben und Werk in Daten und Bildern, S. 210, Frankfurt/M.

85 Lachmann, a.a.O., S. 175 ff.

86 Ebenda, alle Hervorhebungen durch den Autor

87 Ebenda

88 Ebenda

89 Ebenda

90 Ebenda

91 Vgl. Schoof, Wilhelm 1964, Die Brüder Grimm in Berlin, S. 35

92 Leitzmann, A. (Hrsg.) 1927, Briefwechsel der Brüder Jacob und Wilhelm Grimm mit Karl Lachmann, mit einer Vorrede von K. Burdach, 2 Bde., Jena

93 Dückert, Joachim (Hrsg.) 1887, Das Grimmsche Wörterbuch – Untersuchungen zur lexikographischen Methodologie, S. 36, Leipzig. Dückert verdanke ich die Hinweise auf die Verbindung der Grimms mit Lachmann

94 Ramler, C. W. und Lessing, G. E. 1759, Friedrichs von Logau, Sinngedichte. Zwölf Bücher. Mit Anmerkungen über die Sprache des Dichters, Leipzig, in: Lachmann/ Maltzahn, a.a.O., S. 337

95 Grimm, Jacob 1854, Vorrede zum 1. Band des Deutschen Wörterbuches, S. XXII, Leipzig

96 Zitiert nach Peukert, Will Erich 1935, Die Brüder Grimm – Ewiges Deutschland. Ihr Werk im Grundriß, S. 315 f., Leipzig

97 Peukert, a.a.O., S. 6

98 Degenhardt, Franz Josef 1979, Kommt an den Tisch unter Pflaumenbäumen – Alle Lieder mit Noten, Nr. 52, Reinbek bei Hamburg

99 Grimm, Jacob, a.a.O., S. XXI

100 Grimm, Jacob, a.a.O., S. XXXII f.

101 Ebenda

102 DWB, 1. Bd., Artikel »Arsch«

103 Grimm, Jacob, Vorrede, a.a.O., S. XXXIV

104 Alle Grimm-Zitate zu den »fremden Wörtern« in der »Vorrede«, a.a.O., S. XXVI ff.

105 Nicolai, Friedrich 1960, Leben und Meinung des Herrn Magisters Sebaldus Nothanker, S. 136 ff.

106 Zu Theophilus Lessing siehe Schmidt, Erich 1923, Lessing. Sein Leben und seine Schriften, Bd. 1, S. 6 f.

107 Goedeke, Karl 1867, Lessing, in: ders., Lessings Werke in zehn Bänden, Bd. 1, S. XI f., Leipzig

108 Stahr, Adolf 1877, G. E. Lessing. Sein Leben und seine Werke, S. 11, Berlin

109 Oehlke, a. a. O., S. 3

110 Stahr, a. a. O., S. 2

111 Zitiert nach Oehlke, S. 22

112 Zitiert nach Oehlke, a. a. O., S. 24 ff.

113 Ebenda

114 Ebenda

115 Vgl. Oehlke, a. a. O., S. 33 ff.

116 Ebenda

117 Ebenda

118 Alle Informationen über das Kontrollsystem und die Küchenrevolte bei Oehlke, a. a. O., S. 36 ff.

119 Stahr, a. a. O., S. 15 f.

120 Ebenda

121 Goedeke, a. a. O., Bd. 10, S. 239

122 Lachmann/Maltzahn, a. a. O., Bd. 1, S. 257 ff.

123 Kurz, Heinrich und Paldamus, Friedrich 1867, Deutsche Dichter und Prosaisten nach ihrem Leben und Wirken geschildert, Bd. 2, S. 492 f., Leipzig

124 Oehlke, a. a. O., S. 43

125 Gosche, a. a. O., S. 76 f.

126 Vgl. zu Lessings Studienjahren: Lessing, Karl Gotthelf 1793, Gotthold Ephraim Lessings Leben. In: ders. 1794, Gotthold Ephraim Lessings Briefwechsel mit seinem Bruder Karl Gotthelf Lessing, Berlin

127 Wölfel, a. a. O., S. 185

128 Gosche, a. a. O., S. 78 ff.

129 Mann, Thomas 1929, Rede über Lessing. In: Wölfel, a. a. O., S. 44. Vgl. auch Thomas Manns Aufsatz Zu Lessings Gedächtnis (1929) in: Stockholmer Gesamtausgabe der Werke von Thomas Mann der Band »Altes und Neues«, S. 160 ff., Berlin 1953

130 Mendelssohn, Moses, o. J. (wahrscheinlich um 1850), Phädon, in: National-Bibliothek der Deutschen Classiker, fünfundsechzigster Band, S. 12, Hildburghausen und New York

131 Hensel, Sebastian 1908, Die Familie Mendelssohn, Bd. 1, S. 4, Berlin. Hier auch das nächste Hensel-Zitat.

132 Graetz, Heinrich 1900, Geschichte der Juden von den ältesten Zeiten bis auf die Gegenwart, Bd. 11, S. 38

133 Graetz, Michael, Die Haskala als sozio-kulturelles Phänomen, in: Meyer, A. (Hrsg.) 2000, Deutsch-Jüdische Geschichte in der Neuzeit, Bd. 1: Tradition und Aufklärung 1600–1780, S. 285 f., München

134 Hensel, a. a. O., S. 4

135 Geiger, Ludwig, 1871–1890, Geschichte der Juden in Berlin., S. 74

136 Euchel, Isaak Abraham 1788, Rabenu Hachacham Mosche Ben Menachem, Berlin. Deutsch: Der weise und kluge Moses

137 Zitiert nach Pfeideler, Martin 1979, Moses Mendelssohn – Selbstzeugnisse. Ein Plädoyer für Gewissensfreiheit und Toleranz, S. 22 ff., Tübingen und Basel

138 Battenberg, Friedrich 1990, Das Europäische Zeitalter der Juden, Teilband II, S. 70, Darmstadt

139 Freudenthal, Max 1900, Aus der Heimat Mendelssohns. Moses Benjamin Wulff und seine Familie, die Nachkommen des Moses Isserles, neu herausgegeben von der Moses Mendelssohn Gesellschaft Dessau e. V., Dessau 2007

140 http://de.Wikipedia.Org/wiki/Moses_Isserles (aufgerufen am 16.05.2014)

141 Battenberg, a. a. O., Teilband I, S. 37

142 Zitiert nach: Jördens, Karl Heinrich (Hrsg.) 1812, Denkwürdigkeiten, Charakterzüge und Anekdoten aus dem Leben der vorzüglichsten deutschen Dichter und Prosaisten, Bd. 2, Moses Mendelssohn, S. 43 ff., Leipzig

143 Graetz, Heinrich, a. a. O., S. 3

144 Hensel, a. a. O., S. 4 ff.

145 Ebenda

146 Geiger, a. a. O., S. 80

147 Vergleiche Graetz, Michael, a. a. O., S. 254

148 Euchel in Pfeideler, a. a. O., S. 26

149 Hensel, a. a. O., S. 5

150 Ebenda, S. 6

151 Kurz und Paldamus, a.a.O., S. 247 ff.

152 Knobloch, Heinz 1979, Herr Moses in Berlin, S. 55, Berlin

153 Graetz, Michael, a.a.O., S. 253 ff.

154 Ebenda

155 Ebenda

156 Goedeke, a.a.O., Bd. 10, S. 244 f.

157 Nachama, Andreas 1994, Jiddisch im Berliner Jargon oder Hebräische Sprachelemente im deutschen Wortschatz, S. 8, Berlin

158 Vgl. Schütze, Karl Robert 1988, 275 Jahre Nicolaische Verlagsbuchhandlung – Eine Chronik, Berlin

159 Kurz und Paldamus, a.a.O., Bd. 4, S. 282

160 Sichelschmidt, a.a.O., S. 21

161 Kurz und Paldamus, S. 281

162 Sichelschmidt, a.a.O., S. 20

163 Streckfuß, Adolf 1879, 500 Jahre Berliner Geschichte – Vom Fischerdorf zur Weltstadt, Bd. 1, S. 457 f.

164 Ebenda

165 Knoll, Stefan M. 2012, Preußen – Ein Beispiel für Führung und Verantwortung, S. 96, Berlin

166 Dreyhaupt, Johann Christoph von 1750, Ausführliche diplomatisch-historische Beschreibung der Städte Halle, Neumarkt, Glaucha, Wettin u.a., Zweyter Theil, S. 149 ff., Halle. Das Werk enthält u.a. eine genaue Beschreibung des »Halleschen Waisenhauses« mit allen seinen Einrichtungen. Das Kapitel über die Lateinschule der Franckeschen Stiftungen beschreibt bis hin zu den Speiseplänen, genau die Zeit, in der Friedrich Nicolai dort Schüler war

167 Ebenda

168 Berger, Friedemann 1971, Nachwort. In: Nicolai, Friedrich, Geschichte eines dicken Mannes worin drei Heirate und drei Körbe nebst viel Liebe, S. 429 f., Weimar

169 Zitiert nach Kurz und Baldamus, a.a.O., S. 283

170 Ebenda

171 Sichelschmidt, a.a.O., S. 22

172 Kurz und Paldamus, a.a.O., S. 284

173 Zitiert nach Sichelschmidt, a.a.O., S. 25 f.

174 Kurz und Paldamus, a.a.O., S. 285

175 Nicolai, Friedrich, Ehrengedächtnis für Herrn Ewald Christian von Kleist. In: Albrecht, Wolfgang 1987, Friedrich Nicolai, Kritik ist überall, zumal in Deutschland, nötig, Satiren und Schriften zur Literatur, S. 458 ff., Leipzig und Weimar

176 Sichelschmidt, a. a. O., S. 29 f.

177 Ebenda

178 Mendelssohn, Moses 1784, Ueber die Frage: Was heißt aufklären?. In: Hinske, Norbert (Hrsg.) 1981, Was ist Aufklärung?, Beiträge aus der Berlinischen Monatsschrift, S. 444 ff., Darmstadt

179 Nicolai, Friedrich 1755, Briefe über den itzigen Zustand der schönen Wissenschaften in Deutschland. In: Albrecht, a. a. O., S. 195 ff.

180 Ebenda

181 Zitiert nach Schüßler, a. a. O., S. 47 f.

182 Zitiert nach Schüßler, a. a. O., S. 187 f.

183 Kant, Immanuel 1783, Beantwortung der Frage: Was ist Aufklärung? In: Weber, Peter (Hrsg.) 1985, Berlinische Monatsschrift 1783–1796, Auswahl. S. 89 ff., Leipzig

184 Ebenda

Bildnachweis

S. 13: Faksimile Gotthold Ephraim Lessing, Moses Mendelssohn, *Briefe, die Neueste Litteratur betreffend*, Verlag Friedrich Nicolai, Berlin 1761

S. 31: Friedrich II., Radierung nach einem Stich von Chodowiecki. In: Julius H. Schoeps, *Preußen: Geschichte eines Mythos*, 4. akt. Ausg., Berlin 2011

S. 53: Faksimile Friedrich II., *De la littérature allemande; des défauts qu'on peut lui réprocher; quelles en sont les causes; et par quels moyens on peut les corriger*, Berlin 1780

S. 79: Wilhelm und Jacob Grimm. In: Wilhelm Schoof, *Die Brüder Grimm in Berlin*, Berlin 1964

S. 94: Daniel Chodowiecki, *Vertreibung der Familie Nothanker aus dem Pfarrhause*, 1774.In: Ludwig Kaemmerer, *Chodowiecki*, Bielefeld und Leipzig 1897

S. 100: Porträt Gotthold Ephraim Lessing. In: Lachmann, Karl und von Matzahn, Wendelin (Hrsg.), *Gotthold Ephraim Lessing's sämmtliche Schriften*, Leipzig 1853

S. 118: Faksimile Moses Mendelssohn, *Phaedon oder über die Unsterblichkeit der Seele*, Berlin 1767. In: *Moses Mendelssohn – Leben und Werk*, Ausstellung 6. September – 20. Oktober 1979, Staatsbibliothek Preußischer Kulturbesitz

S. 124: Faksimile R. Mosis Maimonidis, *Logica*. In: *Moses Mendelssohn – Leben und Werk*, Ausstellung 6. September – 20. Oktober 1979, Staatsbibliothek Preußischer Kulturbesitz

S. 134: Miniaturmalerei auf Elfenbein von Dr. P. S., 1767 (Prof. Dr. Felix Gilbert, New York). In: Michael Albrecht (Hrsg.), *Moses Mendelssohn und die Kreise seiner Wirksamkeit*, Tübingen 1994

S. 148: Anton Graff, *Friedrich Nicolai*, um 1783. In: *Friedrich Nicolai – Leben und Werk*, Ausstellung zum 250. Geburtstag, Staatsbibliothek Preußischer Kulturbesitz